実話怪談
吐気草

神沼三平太

竹書房
怪談
文庫

※本書に登場する人物名は、様々な事情を考慮してすべて仮名にしてあります。また、作中に登場する体験者の記憶と体験当時の世相を鑑み、極力当時の様相を再現するよう心がけています。現代においては若干耳慣れない言葉・表記が登場する場合がありますが、これらは差別・侮蔑を意図する考えに基づくものではありません。

まえがき

疫病の蔓延によって、日常生活は一変してしまった。

二〇二〇年から二〇二一年にかけての一年は、僕が約半世紀を生きてきた中でも、最も悪い年だった。皆さんにとっても同様だろう。もう世界は変わってしまい、二度と元には戻らないらしい。今回、年間で二百話近く集まった中から、特に吐き気を催すようなものばかりを選んで、この本に収めた。

今や絶望は今までになく身近なものになっている。

あなたにも、そして僕にも。


神沼三平太です。ご無沙汰しております。又は初めまして。今回の本も、とっておきの話をぎりぎり二十六話分揃えることができました。逆に言えば、危険な話を省くこともできませんでしたので、例年以上に性質の悪い話が織り込まれています。お楽しみに。

何が起きても恨みっこなし。お互い無事でしたら巻末でお目にかかりましょう。

著者

目次

パーカー

真夏のことだったという。

「彼女――弓子が自殺した後で、荷物が届いたんです」

荷物の中に入っていたのは、今までに陽次が彼女に贈った品々だった。文庫本、ピアス、CD、マグカップ、他にも様々なもの。その中の一つに、絵葉書があった。

――こんな絵葉書贈ったかな。

見覚えのないモノクロームの絵葉書の裏面を見ると、見慣れた彼女の几帳面な字ではなく、もっと流れるように綴《つづ》られた文字で文面が記されていた。

誰の字だろう。見覚えがある。最後の署名を見て驚いた。自分の母親の名前だったからだ。

健太が迎えにきたから私も行きます。陽次のことを頼みます――。

健太とは陽次の兄で、一年前に亡くなっている。死因は自殺だ。

彼は一人暮らしをしていたアパートで発見された。家賃の入金がされていないと大家さんから連絡が入り、母親からも連絡が取れなかったので、現地に向かった。

彼はアパートの玄関ドアのノブに、季節外れの厚手のパーカーのフードを二回捻って引っ掛け、ドアに背をもたれて座った状態で首を吊っていた。亡くなってから既に七日が経っており、腐敗も酷く、染み出したウジ混じりの体液がドアの隙間から漏れていた。

「それから色々と大変だったんですが、ある日、兄の名前でクール便が送られてきたんです」

よく冷えた宅配便の箱には、厚手のパーカーと一葉の絵葉書が入っていた。その絵葉書には、陽次の知らない女性の名前が書かれており、その人が迎えにきたから行くのだと記されていた。

母親がおかしくなったのは、それからだ。

兄から送られたパーカーを年がら年中着るようになった。長袖の厚手のパーカー姿で、まだ残暑の厳しい中、庭仕事もする。

そして半年前に、母親は兄と同じ方法で、自宅の玄関ドアのノブにパーカーのフードを引っ掛けて死んでしまった。

それから半年して、今度は彼女である弓子が自殺。

もう人が死ぬのは嫌だ。そう思っていた矢先の出来事だった。

「それで——僕は、弓子がどんな死に方だったのか、向こうの家族から、一切教えてもらえなかったんです。家族葬ということで、お別れもさせてもらえませんでした。お墓も知りません。きっと僕は向こうの家族には嫌われていたのでしょう」

大事な箱入り娘を、どこの馬の骨とも知らない男が掻《か》っ攫《さら》っていく。

ずっとそういう目で見られていた――。

少なくとも彼はそのように感じていた。

特に、兄が自殺してからは、向こうの家族の彼に対する扱いはますます酷くなった。その印象が強いという。

「ただ、最近凄く気になることがあったんです。偶然駅で見かけた彼女のお母さんが、同じパーカーを着ていたんです」

真夏にパーカーを着ていたんです、とても目立っていたという。高そうでおしゃれな服しか身に着けていなかった、あのお母さんが、何故季節外れのパーカーをわざわざ着ているのか。

遠目から見ても、自殺したときに兄も母も身に着けていた、あの厚手のパーカーだった。

だが、それから彼女の母親がどうなったかは、もう縁が切れてしまったので、まるで分からない。

案内役

ゲーム関連のプログラマーである栗田さんが、長期出張であてがわれたマンションの一室には幽霊が出た。

考えてみれば入居した最初から、何かおかしいとは思ったのだ。どこか鞄の底で、小さくラジオが鳴っているような違和感とでも言えばいいのだろうか。

暮らし始めて半月としないうちに、その違和感は形を取って現れた。

現れたのは女の幽霊だった。若くて顔が整っている。普通に見るだけなら、街中で見る若い女性と変わらない。

まじまじと見ても、近づいても消えない。身体のどこかが欠けている訳でも、身体から何かが出ている訳でもない。表情もこちらを完全に無視している。恐らくあちらには、こちらが見えていないのだろう。

ただ、触れようとしても触ることはできなかった。手を伸ばしたとしても、指も手も突き抜けてしまう。

栗田さんは、自分の仕事の分野に置き換えて、この現象を理解しようとした。

恐らくは、ヘッドセットやスマートフォンを介さない、高度なオーグメンテッド・リアリティと類似の現象だ。つまり、視覚上に、デジタルで仮想的な存在を重ね合わせて投影する技術だ。カメラに写る現実の画面を投影しているスマートフォンの画面上にCGのキャラクターを映し出すようなゲームは、もう世の中でも一般的になっている。

ARなら仕事でいつも接している。そう思えば何も怖くない。相手はうらめしやの一言すら口にしない。若い女性のCGのようなものだ。表情も何かを恨んでいる風でもなく、こちらを気にしてもいない。むしろ完成度が高すぎて、惚れ惚れする。

だから最初は驚いたが、すぐに慣れた。

女が出てくるのは週に一度くらいで、ずっと出ないときもあった。

ただ、暫《しばら》くすると、女は夜中に喋るようになった。

最初は何の意味か、全く分からなかった。ただ、何らかの住所が続いているのは分かった。女性アナウンサーのように、感情を抑えた声で、同じ住所を繰り返す。

これが妙に通りが良い声なので、うるさくて眠れない。翌日は寝不足だ。

「あの部屋から変えてもらうってことはできませんか」

総務に栗田さんが交渉に現れたのは、春のことだった。

何か理由があるのかと訊ねると、彼は軽く頷《うなず》いて、幽霊ですとはっきりと答えた。

彼は、夜中に出る幽霊が喋るので、うるさくて寝られないのだと理由を述べた。

できれば、三月末で部屋を変えてもらいたい。そういう話だった。

しかし、常識的に考えて、幽霊が理由で部屋を交換することはできないだろう。前例もない。実際に彼の部屋に以前住んでいた人物からは、何のクレームもなかった。

それに、今は手持ちの空室は一つもない。誰かが部屋を出ない限り、彼の要求には応えられない。総務の答えはノーだった。

「まず、その幽霊というのが分からないので、睡眠薬などを処方してもらうために、産業医の方に相談して下さい——」


——とりあえずそんな経緯で、一応診てもらったんです。

「声がうるさいだけで実害はないので、産業医に掛かる必要もないと思ったんですけどね」

「でも一応診てもらったんだ」

田村さんは、焼き鳥を串から外しながら訊いた。

「はい。昨晩の女の声を聞き直して、やっぱり睡眠薬は必要だと考えを改めたんです」

栗田さんは、ハイボールを一口含んで言った。

「一晩中女が眠らせてくれないものですから――」

淡々とした口調で冗談まで混ぜてくる。

実際、部署の中でも極めて理性的で有能な人物である。この男が幽霊がいるというのなら、きっといるのだろう。

部署の飲み会で、田村さんは栗田さんの横に席を陣取って、話を始めた。

総務より、本社からの長期出張で、本人がナーバスになっているようだとの報告があったのも理由だが、普段と変わらない冷静さで幽霊の話をする点にも興味を持った。

――幽霊の話をする以外は、優秀なんだがな。


「そうそう。最近は、幽霊が喋っている住所のリストを書き出してみてるんですよ」

彼は、鞄の中に収められたクリアフォルダから、プリントアウトした用紙を取り出した。

「毎日ではないので、日付も入れておきました。この一カ月分になります」

政令指定都市のため、区から先の住所が二十三件リストアップされていた。

「これ、何か分かりますか」

「うーん。住所だけかぁ。これだけだと関連性は分からないなぁ。このコピーって、あとでメールしてもらえますか」

「差し上げますよ。こちらでも色々調べてるんですけど、人口比におおよそ合致するんですよね。だから、何か確率的な問題なのかなとも思うんですけど——」

——ぶれないんだな。

飽くまで理知的に攻めていく姿に、今度は田村さんが興味を持った。


飲み会から、一月ほど経った。

田村さんは早めに仕事を終わらせて、取引先の営業と飲みに行った帰りのことである。駅のホームで夜風に当たっていると、声を掛けられた。

「田村さん。帰宅中ですか」

栗田さんだった。

「お疲れ様です。今まで仕事ですか」

「ええ」

「いつも大変だね」

「大丈夫ですよ。それで、先日のあの住所のリスト、何か分かりましたか」

女幽霊が声に出した住所リストのことだ。ただ、仕事が詰まっていて、正直なところ調査には手が付けられていない。

「いや、すまんすまん。あれ、全然進んでないんだよ」

「僕、あれ分かりましたよ」

栗田さんは、晴れやかな笑顔を見せた。

「先日、うちの近所で自殺があったんです。幽霊が、その前夜に、すぐ近くの住所を言ったものですから、気になっていたんです」

それからずっと調べてるんですが、どの住所も自殺者が出てるんです。

田村さんは、ニコニコと笑顔を浮かべながら喋る栗田さんに、何と声を掛けて良いのか分からなかった。

急行列車が通過するというアナウンスが、ホームに流れた。

黙っていると、栗田さんは更に続けた。

「それで昨晩は、あの女、自分の暮らしてるマンションの住所を喋りましてね。部屋の番号まではっきり喋ったんです」

四階、401号室——。

「ダメ押しみたいに、俺、自分の名前を呼ばれたんです。あの女に」

栗田さんは静かに笑うと、ホームに入ってきた急行列車に勢いよく飛び込んだ。

淡水パール

　自分の腐れ縁の友達に、クソ野郎がいるのだと礼香は言った。彼女は東北のとある地方都市で占い師を生業としている。

　最初に出会ったときに、そのクソ野郎は樺山と名乗った。それが本名かどうかを礼香は知らない。占い師になる前までに彼女の生きてきた世界では、本名などその人間のことを何一つ保証しなかった。だから、礼香は本人が名乗った樺山という名でその男のことを呼んでいる。それで何一つ問題ない。

　樺山は日本全国を渡り歩いて妖怪退治をしているという。

　もちろん信じていない。本当に彼が妖怪退治をしているのかを確かめたこともない。本人が〈お祓いや憑き物落としを生業にしている〉と自慢げにしているから、そのまま受け入れているだけだ。

　別にそれが口から出まかせでもいい。そういう付き合いだ。どうせ自分にタチの悪いものが憑いたとしても、こちらから樺山に頼ることはない。

　なぜなら樺山はクソ野郎だからだ。

連絡が来るのはよくて年に一度。間が開けば数年に一度しか連絡を寄越さない。基本的に生きてようが死んでようが構わない間柄なのだが、連絡を寄越すときには下痢のときの肛門のように、口から延々愚痴を漏らす。

その愚痴を聞くことで、彼の身に起きたことを強制的に追体験させられる。そんな気持ちの悪い話は耳に入れたくもないが、どうやらクソ野郎には愚痴を聞いてくれる身近な女は他にいないようだ。

そんな立場にいつの間にか置かれていたことにも腹が立つ。

久しぶりにきた樺山からの連絡は、秋口のことだった。

礼香に会いたい。できれば抱かせてほしいと言われたので、絶対に嫌だ、クソ野郎に抱かれる趣味はないと断ると、横山は二秒落ち込んで一秒で立ち直った。

「今回は凄かったんだぜ。まぁそれはいいんだよ。それより亜子のこと聞いてくれよ」

「絶対振られるから一切手を出すなよ。お前が手を出していい女なんて人類には存在しないんだよ」

そう言い返して電話を切ろうとすると、受話器からこんな言葉が聞こえた。

「お前、淡水パールって知ってるよな」

その言葉が、礼香にはどす黒い色をしているように聞こえた。

淡水パールは、淡水で育てる真珠だ。普通の真珠みたいに丸いものもあるが、平べったいものや、細石のようなものもある——常識として、それくらいの知識はある。それがどうしたというのだ。

「実はまだ告白してないんだよ。俺はプラトニックも大事だと思っているんだな」

樺山はそんなクソを口から垂れ流した。どの口がそんなことを言うか。毎晩のように女の子を金でいいようにしている癖に。

「そんでよ。亜子のことをドライブに何回か連れてったらさ。あいつ、これ綺麗でしょって、平べったいハートみたいな形をしたパールのぶら下がったピアスを見せてきたんだ」

亜子は、それを淡水パールだと説明した。

どうやら樺山は、その女の子に何度も歯の浮くようなセリフで似合ってるとか綺麗だとか伝えたらしい。

「でもよ、亜子の奴、さらっと彼氏がくれたんだって嬉しそうにしやがってよ」

礼香はその言葉に噴き出した。ゲラゲラ笑いながら答える。

「その子、すげぇ分かってんじゃん。お前なんかと付き合う人類はいねぇって」

「いやでもほら、俺には金があるからさ。今回も経費除いて仕事で百万くらいは入ったからさ、これで亜子の心をガッチリ掴んでいこうと思ってんのよ」

クソの言葉に、これ以上耳を傾ける必要はない。

「淡水パールって、誰かを呪ったりするのに使うことってあるのか?」

聞いたことがない。何故そんなことを訊くのかと返すと、彼は亜子のことなんだと言葉を濁した。

「ちょっと詳しいことは、会って話したいんだけど」

仕方がないか。樺山は何度も車で迎えに行くよと口にしたが、そんな手に乗る訳はない。車に乗ったら最後、そのままラブホテルまで拉致られるに決まっている。

なるべく見知った人のいなさそうな、自宅から離れた駅の近くにあるファミレスで顔を合わせる算段を付けた。


「流石の俺も、これは失恋したなって思ったよ」

それ以降も亜子は、デートのたびに恋人から贈られたという淡水パールのピアスを着けて現れた。

だが、樺山も諦めが悪い。何とか気に入られて、亜子をものにしたかったのだという。

彼女も満更ではないのか、その後も樺山にデートに誘われるたびに、普通に応じた。樺山自身にとっては、付き合っているのか付き合っていないのか微妙なところであるし、そもそも彼氏がいる状態で、デートに誘われて付いてくるというのもよく分からない。二番手なのか、実は三番手なのか、はたまた本気で乗り換えてくれるのではないか。そんな期待を持ちつつ、デートを繰り返した。

「それって、お前の財布の中身に興味があるだけだよ」

「まぜっ返すなよ。財布の魅力は男の魅力だぜ。最後は札束が物を言うんだ」

侮蔑を混ぜた視線を送っても、全く堪《こた》えない。

飽くまでも下衆なのだ。

「ここ一カ月間、だらだらとデートのようなデートじゃないような、清いお付き合いをしてるんだよ」

「でもお前のことだから、別腹で女の子のいる店には行ってんだろ」

樺山は、普段から股を開いてくれる女なら何でもいいという種類のクズだ。性欲を抑えることができないのは、身を以て知っている。

「そうね。先週は四十万くらい使ったかな。やっぱりあっちは別だからな」

金の使い方を間違えている。

「そんで、お前以外にも彼氏はいるんだよってアピールされつつもさ、餌を目の前に吊るされた状態だよ。でもさ、この二週間くらいで、亜子が気持ちの悪い痩せ方をしてきてんだ」

樺山の説明によれば、彼女の身体の内側の中心から、体重がどこかに吸われているのではないかという痩せ方をしているという。頬もこけてきて、目の辺りは落ち窪み、人相も変わってきた。全体的に白かった肌は黄色くくすみ、細かった手足もますます細く、骨が透けて見えそうなほどになってきたとのことだった。

確かに尋常ではないように思えた。

「――それって、本人に自覚はあるの？」

「いや、亜子自身は気づいてないみたいで、やたらと幸せそうにしてんだよ」

幸せそうにしているなら、特に問題はないのだろうか。

「そもそもあんた自身の見立てはどうなのよ。妖怪ハンターなんでしょ」

「淡水パールのピアスを見たときに、ちょっとおかしいとは思ったんだけど、特にそこまでは感じなかったんだよ。だから礼香に訊いてんだよ」

――そうか。一応認めてくれてるのか。

礼香は一瞬褒められた気がした。

「あんたに褒められても気持ち悪いだけだけどね」

とにかく情報が足りない。呪いだという明確な証拠もない。異変のほうは暫く放置するしかないだろう。

亜子にもう少し詳しい話を訊いておくと言って、樺山は席を立った。


「亜子の居場所って、占えないかな」

憔悴《しょうすい》し切った声が電話から響いてきた。前回会ってから半年経っている。

「あんたずっと連絡してこなかったけど、あれからどうなっちゃったのよ」

今後の先行きが良くないというのは見えていたが、樺山が自分を頼ってくるとは想定外だった。今までにそんなことは一度もなかったのだ。

クソの山に懐かれても困るけれど。

「あいつと連絡取れなくなって、もう一月経ったんだよ。俺の叔母にも迷惑掛けちまってさ。今度ばかりは駄目かもしれねぇ――」

何が起きたのかと訊ねると、樺山は経緯を教えてくれた。

礼香と樺山の会合から暫く経った頃に、樺山はいつも通りに亜子をデートに誘った。既に骨と皮のようになり、髪からも肌からも脂分が抜けてカサカサの枯れ葉のような状態に変わり果てている。しかし樺山は亜子のことを諦められなかった。

樺山は、帰りの車中で、俺の部屋に来ないかと誘った。亜子はそれを承諾した。

この時間から男の部屋に上がり込むのがどのような意味を持つかは明らかだ。

とうとうイケたぜ！

真心か下心か分からないが、心が通じた幸せを噛み締め、彼は亜子の肩を抱きながらアパートの階段を上がった。

おかしい。キッチンのライトが点灯している。出がけに消し忘れたのだろうかとドアノブに手を伸ばそうとした途端にドアが開いた。

何事かと目を剥くと、中から出てきたのは樺山の叔母だった。

彼が声を上げるよりも前に、叔母の声が廊下に響いた。

「あなた！　何てものを身に着けてるのよ！」

もう深夜になろうという時間である。廊下でそんな大声を上げるのは常識はずれだ。

「突然何だってんだよ。何の用だよ！」

「ねえ、あなたよ！　あなた！」

叔母は樺山を無視して亜子に詰め寄った。

樺山がどうしたんだよと訊いても無視だ。

「あなた！　早くそのピアスを外しなさい！」

樺山も亜子も、何がどうなっているのか理解できないままでいた。亜子に至っては、胡散《うさん》臭げに狂人を見る目で叔母を眺めている。

叔母は痺れを切らしたようだ。

「いいからそれ外せ！　すぐ外せ！」

甲高い通る声で繰り返す。

とにかくこの場を何とかしないといけない。アパートの他の住人から、騒音で通報されても困る。

「叔母さん、ちょっと迷惑だから部屋に入りましょう。亜子も入って」

リビングに二人を通し、椅子に座らせた。

亜子には、こちらは自分の叔母で、自分よりも能力が強い人だと紹介した。

「甥っ子が大変な目に遭っているって聞かされてね。わざわざ訪ねてきたんだよ」

叔母は、時折神様のような存在から、メッセージを受け取る。

突然の話に、亜子はよく理解ができないようだったが、樺山から説得されて素直にピアスを外した。叔母は、横からかすめ取るようにそれを取り上げると、大声を上げた。

「あんたね！　これは人間の歯だよ。歯！　分かる？」

「え、歯だって」

樺山がまじまじとそれを見ると、確かに小さいけれども人の前歯だった。子供のものかもしれない。

「誰から貰ったの！　言いなさい！　タケシ！　あんたも何か知ってるなら白状しなさい！」

タケシとは、樺山の本名である。叔母に詰め寄られた亜子は、不貞腐《ふてくさ》れたような口調で、彼氏からと言った。その言葉が終わらないうちに、叔母は亜子の頬に平手を打ち込んだ。

その衝撃で亜子は壁まで吹っ飛ぶと、そのまま床に座り込んで、ブツブツと何事かを呟き出した。

樺山は叔母に「俺の彼女に何すんだよ」と声を荒らげ、亜子に駆け寄った。しかし彼女は虚ろな目で何かを呟くだけだった。

耳を近づけると、亜子の言葉が聞き取れた。


あれ。彼氏って、アキ君だよね。アキ君ってもう何年も前に死んじゃったよね。

あたし、お葬式にも行ったじゃない。

お墓にも行ったよね。

え、アキ君、贈り物してくれたの？　死んじゃってるのに？

死んじゃったのって、バイク事故だったよね。

ピアス贈れるの？　何で。どうして――？

亜子は、彼氏がもう何年も前に死んでいるという事実を、突然思い出したようだった。

「何年も前に亡くなった人がピアスなんて贈ってくる訳ないでしょ！」

叔母がピシャリと叩き付ける。

亜子は樺山の叔母の声も届いていないように、ひたすら呟き続けた。

「アキ君、何年も前に死んでた。本当に何年も前に死んじゃってたんだ――」

その夜は、樺山の叔母さんと亜子も樺山の部屋に泊まった。

翌朝、樺山の運転で亜子の住むアパートの部屋まで送っていくことになった。

彼女が大事に取ってあるという、〈彼氏からの贈り物〉の包装紙と小箱を、叔母が見たいと言ったからだ。

宅配便の送付状には、彼氏の生前の住所が書かれていた。

「そっちにも行くよ」

ナビに住所を打ち込んで車を走らせる。

目的地に到着したとナビが声を上げたが、そこは更地で、亜子が学生時代に入り浸っていたというアパートは姿形もなかった
「その場所に建物なんてなくても、荷物はその住所で送れるんだよ」

叔母はやれやれと口にして、同情したような表情を見せた。

「この歯を送り付けてきた人間のことを、きっとあんたは知らないけど、あんたか、あんたの周囲のことを深く恨んでる人だからね。このピアスは悪いけど没収だ。こっちで処理したげるよ。きっと同じことが続くと思うけど、あたしに連絡してくれれば、その都度処分してあげるから」

「――ま、そんな感じでさ。俺、亜子と付き合えそうだったんだけど、叔母さんに邪魔されちまってさ。亜子は情緒不安定で精神科に通うようになって、治療しながら体重を戻していくことになったんだよ」

「でも振られたんでしょ」

「いや、そこは友人としてならって感じで、ちょこちょこ連絡を取り合ってたんだよ。また歯のピアスが届いたから叔母さんによろしく、みたいな感じでさ」

けど、三回くらい叔母さんに相談した後にさ、首振られちゃったんだよ。見えないんだって。

駄目なんだよ。もう亜子には会えないって、叔母さんにも言われちまってさ――。

俺はやっぱりクソ野郎だ。惚れた女一人守れなかった。


その電話以来、樺山からは、もうずっと連絡がない。

「違うんだよ。あいつ、全然分かってないんだ。だから本当にクソ」

亜子とヤれないから、安いキャッチのお店でクラミジア貰ったっていうメールが最後だしね。本当にクズだといったらないわ。

礼香は吐き捨てるように言った。

「だって、亜子のところにピアスが贈られてきたのは、樺山を陥れるため。あいつが亜子に気があったから、こんなことになったんだよ。可哀想に。亜子は犠牲者。そんなことも自分で分からないから、あいつはただのクソ野郎なんだ」

天使彫

「子供ができたのは、初めてだったんです」

それは誠司にとっては大きな喜びだった。しかし最近お腹の目立ってきた彼女は、産むことを拒絶した。

「子供産んじゃったら、もうあたしの人生じゃなくなっちゃうのよ。そんなの許せないじゃない。子供に振り回されて生きるんだよ」

あたしまだ自分がやりたいことだって、何一つできていないのに。

彼女は苛ついた顔を隠そうともしなかった。

せめて、お腹の子に名前を付けさせてくれと、紙に書き出した名前の候補を差し出すと、彼女はそれを受け取るどころか、視線を向けもしなかった。

「どれでもいいよ。男か女かだって分からないのに。好きなのにしとけば？」

彼女は黙って窓の外を暫く眺めていたが、やっぱ言う、と呟いて声を荒らげた。

「あのね誠司君。名前なんて付けたら、堕ろすなんてできなくなっちゃうんだよ。分かってないよ。いつだってあなたはそう。自分勝手」

もうあたし達ダメだと思う。それじゃね。さよなら。

いつもの喧嘩のようだと思ったが、それから彼女の顔は一度も見ていない。

唐突な別れ。唐突な絶望。決定的なすれ違い。


——どうしよう。

彼女の気持ちを優先できなかった自分の選択は間違っていたのかもしれない。しかし、そのときはそこまで考えられなかった。

彼女は地元の議員の娘で、きっとそちら側の事情もあるのだろう。束縛されるのが何より嫌いで、それゆえに親の金に頼らず暮らしてきたのだ。子供ができたらその生活自体が成り立たなくなる。

そう考えたのだろう。無理もない。状況が産むことを許さなかったのだと理解できた。

だが、理性では納得できても、感情は収まらなかった。

子供の名前は男の子でも女の子でも、どちらでも名付けられるようにと中性的なものを選んだ。自分の名前から一文字。それを平仮名にして、まこと。いい名前だと思った。

どうすればいつまでも、まことと一緒にいられるだろう。そう考えているうちに、ずっと昔に付き合っていた彼女が、タトゥーを入れようと誘ってきたことを思い出した。そのときは怖じ気付いてしまったが、今ならそれがとても大事なことだと分かる。

消せないというのは、永遠ということだ。

タトゥースタジオに出向き、カウンセリングを受けた。

その結果、誠司は腕に幼い子供の姿をした天使のタトゥーを彫ってもらい、そこにアルファベットでMAKOTOと名前を入れた。

施術の間とその直後は、緊張もあったのか、覚悟していた痛みもさほどではなかった。

確かに切れ味の悪いカッターで線を描くような筋彫りの痛みや、荒いサンドペーパーで強く擦られるようなシェイディングの痛みはあったが、終わってみたらこんなものかと拍子抜けした。

一月ほどの間に傷も完治した。温泉や公衆浴場、市民プールなどには行けなくなったが、そんなことは別に大した問題ではない。

いつだって自分の子供と一緒にいられる。それはとても充実感のあることだった。

それから更に一月ほど経った。その頃からタトゥーの天使の部分が爛《ただ》れ始めた。

熱を持って腫れている。ずきずきと鼓動に同期する痛みまで感じる。

どうしたのだろう。ずっと調子が良かったのに。

鏡に映してみると、タトゥー自体はまだ原形を僅かにとどめていたが、それよりも紫色に腫れて盛り上がっている部分が、見るからに胎児の形に変形していた。

小さい足や腕も生えている。目は閉じたまま。多分眠っているのだろう。

まこと、お前、どうしたんだ。こんなに酷いことになるなんて。

何か嫌なことでもあったのか。

そうか。お前、痛かったんだよな。

身体を切り刻まれて。急に冷たいところに引き摺《ず》り出されて。

ごめんな――。


痛みは次第に酷くなり、夜も寝ていられないような状態になった。昼も夜も歯を食いしばっているような状況では、仕事をすることもできない。

退職し、治療に専念しないといけないかもな。

掌で、浮き出た皮膚を包み込むと、その中心で、とくんとくんと自分の鼓動よりも早く脈打つのが分かった。

あ。生きてるんだ。

誠司はそこで初めて、背筋に冷たいものが走ったという。

皮膚科を受診すると、色素を除去する必要があるとのことだった。恐らくはタトゥーに使われた色素によるアレルギー反応だろう。担当した医師はそう告げた。皮膚を剥がして、別の部位の皮膚を移植するのが良いと奨められた。治すには半月ほどの時間が掛かるが、それで痛みは消えるだろう。ただし元通りになる訳ではない。傷跡は残るとのことだった。

誠司は迷った。

これは自分が子供を殺すという選択をすることだ。

何だよ。俺もあの女と同じじゃないか。自分の都合で子供を殺すんだ。

しかし、今のままでは仕事もできない。腕を切り落としたくなるような痛みを思えば、まことにもこの選択は許してもらえるのではないか。そう自分を納得させた。

手術は日帰りで、手術後も思っていたより痛みは少なく、傷跡も目立たなかった。

だが、手術をしてから一月と経たないうちに、名前の部分だけが浮かび上がるように、赤くミミズ腫れになった。

鏡に映してその文字を見つけたときに、誠司は小躍りして喜んだという。

なった。

ああ良かった。
まことは死んでなかった。俺の子供は死んでなかった！
神様ありがとうございます！
そしてその翌日から、彼の身体のあちこちに、赤ん坊の顔の形をした痣が浮かぶように
なった。

それから、日常に少しの変化が訪れた。

女性と仲良くなると、毎回奇妙なことを告げられるのだ。

「あなたといると、赤ちゃんの泣き声がするのよね」

だから、君とはセックスできないの。ごめんね。

痣を見せた訳ではない。

腕に浮き出るＭＡＫＯＴＯの文字を見せた訳でもない。

そもそもただの女友達だ。もしかしたら、将来そういう関係になるかもしれないと、ぼんやりと思うような段階でも、毎回そうはっきりと断られるのだ。

だが、誠司は笑った。

「まことのせいなんですよ。まことが嫉妬してるんです。父親に女ができるのが嫌なんで

しょうね」

子供のすることですから。仕方ないですよ。

今もその痣は消えていない。むしろ広がっているという。

「自分の子供のことだから、いつかは俺が自分でどうにかしないといけないのは分かっているんです。でもどうしていいか分からないんです。まことを堕ろした彼女とは、もう連絡は付かないですし、今彼女がどうしているかは、全然分かりません」

でも、これってどうすればいいんですかね。

実は今もずっと耳の内側に赤ん坊の泣き声が響いてるんです。きっとまことが、俺の子供が泣いてるんです。

正直、この腕の名前も、切り刻んでしまおうかって思うときだってあるんですけどね。

でも俺の子供ですから。俺の大事な子供ですから。

林道写真

先日、青木さんは川沿いのキャンプ場へと出かけた。

帰宅後、キャンプ場で撮ったスマートフォンの写真に、記憶にないものが混じっていた。恐らくキャンプ場から奥に入っていった林道で撮ったものだ。大きな樹の下にお地蔵さんが立っていて、その横に男性ばかりが五人並んでいる。

こんな写真撮ったかな。

確かに薪を求めて周囲をうろついたが、そんなに奥まで入っていった記憶がない。もしそこに行ったとしても、そんなに大人数が並んでいればすぐに気が付いただろう。そもそもレンズを向けるはずもない。

だからそこには誰もいなかったはずだ。それとも光の加減だろうか。それにしても明らかに人の姿である。

心霊写真という奴だろうか。

妻に見せると、列に並んでいる一人が父親に似ているという。義父は結婚して間もなく亡くなっているから、そこに写るはずがない。

「いや、人の格好しているけど、遠いし顔なんて分からないだろ」

「似てるよ。そっくり。どこ見てるのよ。あなたお父さんのこと全然知らないでしょ」

そう言われてしまえば、それっきりである。義父とは生前数えるほどしか会う機会がなかったからだ。

それよりも気になるのは、青木さんの記憶では、そこにお地蔵さんがあるはずがないという点だ。何度も訪れているキャンプ場だから、そのようなものがあれば記憶に残っているだろう。川で水難事故か何かが起きて、遺族が最近建てたのだろうか。

確認のためにもう一度行くか。

その前に、キャンプ仲間にお地蔵さんの有無を確認することにした。

週末、近くのアウトドアショップに集まった三人の友人達は、案の定そんなものは見ていないと口々に答えた。キャンプ場に問い合わせればいいという意見も出た。確かにそれなら確実だ。その中で、年配の井口さんが声を上げた。

「その写真メールしといてよ。俺、来週またそこにキャンプに行くからさ。確認してきてやるよ。でも一体何でそんなこと訊くんだい」

その疑問は当然だ。青木さんは、実はこんなものが撮れたんだと、スマートフォンを取り出した。

写真を見せると、遠藤さんは自分の父親が写っていると首を傾げ、井口さんは祖父が写っているように見えると言った。太田さんも自身の父親が並んでいると呟いた。

聞けばどれも故人だという。故人がお地蔵さんの列に並んでいるというのだ。

青木さんには人の顔は判別できない。不思議な写真ということは確実なようだった。

井口さんにそのメールを送って、その場での話は終わった。

翌週、井口さんからスマートフォンに写真が送られてきた。例の林道の奥に入ったところの写真だ。機種が違うので画角は異なるが、青木さんが写したものに近いアングルである。

やはりお地蔵さんは写っていなかった。

「不思議な写真に確定だね」

メールにはそう書かれていた。

その後、いつまで経っても井口さんに会う機会は持てなかった。

仕事も忙しく、暫くアウトドアショップにも行けなかったからだ。

それから二カ月ほどして、ゴールデンウィーク前に店に顔を出すと、井口さんは例のキャンプ場に出かけた後で、下流の湖に水死体として浮いたという話を聞かされた。

釣りをしていて足を滑らせたのだろうということだった。

陰鬱《いんうつ》とした気持ちになっていると、店員の宇崎さんが変なことを言った。

「青木さん、お地蔵さんの写真は他の人たちにも送ったんですか」

「いや、送ってないけど。何で」

理由を訊ねると、先日写真を見せた人たちが、あの写真が欲しいから青木さんの連絡先を教えてほしいと言っていたのだという。

「とはいえ、僕もお互いの連絡先を知りませんからね」

青木さんはそう答えた。

皆、ソロキャンパーだ。そのテリトリーには立ち入らないという暗黙の了解があった。

だが、そんな話をしている最中に、遠藤さん当人が現れた。

「よう久しぶり」

何やら上機嫌だ。話を訊くと、新たなテントを手に入れたので、明日からの連休に例のキャンプ場に行くのだという。

案の定、例の写真の話になった。結局言われるがままメールで送った。

「他にも欲しがっている奴らがいるから、この写真配っちゃってもいい？」

軽いノリで訊ねてきた。青木さんは、井口さんのこともあるから、余り広めたくないんだと答えたが、大丈夫だよと返された。

やめてくれよと念押ししたが、結局それが遠藤さんとの最後の会話になった。

写真を送った遠藤さんとは、連絡が取れなくなって、もう一年以上経っている。先日教えてもらった携帯電話は解約されてしまったようだ。

だからもう連絡は付かないだろうと諦めている。貸しているキャンプ用品もあるので困ってはいるが、高いものでもないので新しいものを購入した。

店員の宇崎さんも、あれ以来店に顔は出していないと言っている。


そしてこのことがあって以来、青木さんはキャンプをやめた。アウトドアに全く興味がなかったはずの妻が、突然あのキャンプ場に行きたいと言い出したからだ。

もし万が一にも何かあったらまずい。その一心である。

そして最近気になっているのは、写真の行方だ。先日ショップで偶然顔を合わせたキャンプ仲間の一人から気になることを聞かされたからだ。

「去年、遠藤から青木さんが撮った写真だから見てくれって、ファイルが送られてきてさ。中身が壊れていて見えなかったけど、あれって一体何だったの――？」

歯形

「あそこらの山は、迂闊《うかつ》に入ったら帰ってこられないんだ。色々と訳ありでね。戻れたとしても身体中に歯形が付く。だから代々理由がなければ近寄るなって、含められていたよ」

三峰さんは、まだ若い頃に、戦争が原因で関東に移住することになったのだと話してくれた。元々彼は信州の東部地域にある、とある地方の大地主の次男坊らしい。

家は代々の名主でもあり、地域では大きな権力を持っていたという。

「俺の親父の代までは、その一帯を治めていたようなもんだからね。まるでお殿様だよ。あの戦争がなけりゃ、ずっとあのままだったんだと思うよ」

彼がまだ十代の頃に、父や祖父から、関わってはいけない。通ってもいけない。なるべくなら近寄るなという、隠れ里のような集落のことを知らされた。

近寄ってはならない理由を訊ねると、最初は口の重かった祖父が苦虫を噛み潰したような顔をして教えてくれた。

「迂闊にお前みたいなのが迷い込むと、殺されて歯ぁ取られんだよ」

どういうことかと問うと、祖父は観念したようにぽつぽつと話し始めた。

「あの山には、何百年も生きているっちゅう怪しげな女のまじない師がいてな。そいつが山の神様とやらを祀ってるんだ。それで困ったことがあると、近くの村とか、行商人とかを攫《さら》ってくる。そして食い物も水も与えずに、社に閉じ込めて七日待つ。飲み食いさせずにそれだけ経てば死ぬだろ。そしたらまじない師はその社へ足を運んで、生贄の歯を根こそぎ抜いてくるんだ。その歯でまじないをするんだよ。それであの辺りは、周りよりも潤ってるんだ。もういいだろ。分かったよな。だからお前は絶対に近寄るなよ」

そのときには分かったとは答えたが、何百年も生きているというまじない師とやらが気になった。そもそもこの昭和の時代に、とんでもない時代錯誤の殺人集団ではないか。

だが、山の中では警察でも手出しができないことがあるのは確かだ。

今後家督を継ぐのは兄だが、もし彼に何かあったとしたら、自分だってその集落を含めて地域の舵取りをしていかねばならないのだ。無関係ではない。

だが、興味はあっても、直接乗り込むのは躊躇《ためら》われた。祖父の言葉通り、一人で迷い込んで村人に捕まってしまったら、食料も水も与えられずに餓死させられるかもしれない。

そんなのは御免だ。

そんなある日、祖父を訪ねてきた炭焼きの伊兵衛という老人と話していると、偶然その集落の話になった。

「坊っちゃんは、あの集落のこと知っとられるのか」

彼はくしゃくしゃに曲がった紙巻き煙草を燻《くゆ》らせながら訊ねた。

「俺ぁ、親父やじいちゃんに、あの山には近寄るなって言い含められているからな。余りよくは知らん」

正直にそう答えると、伊兵衛は驚いたのか笑ったのか、ふはっと煙草の煙を吹き出した。

「今は、あの近くには絶対近寄らないほうがええだわ。あいつら、また始めたんだ」

何を始めたんだと訊くと、炭焼きは声を顰《ひそ》めた。

「歯ぁよ。歯。あいつら歯ぁを取るために、人を殺《あや》めんだ」

その話を聞いた三峰さんは、何で歯なんだと訊ねた。伊兵衛は俺も詳しいことは知らんと前置きして、現在その集落で何が起きているかを教えてくれた。

夜寝ている間、畑仕事をしている間、山に入っている間。とにかく様々な隙を狙って、その山あいに住む人々の身体のそこかしこに、くっきりとした歯形が付くようになった。

それがこの半月ぐらいの間の話だという。

「集落どころか、あの山には近づいちゃダメだな。俺は大分裾のほうだけど、そんな俺でもこうなっちまったからな」

伊兵衛は袖をまくり、皮膚を抉《えぐ》って赤黒く腫れた半円形の歯形を露わにした。それは人間のものの三倍近い大きさがあった。

「これ、何に噛まれたんだ」

そう問うと、伊兵衛は首を振った。どこか諦めている風だった。

「俺ぁ、あの山に窯があるから、どこかに行く訳にもいかんしな。だからお前さんのじいさまに、ちょっくらこの話をしに来たのよ。俺にゃ理由は分からんけどな、ここ暫く、まじない師のばあさまが、山の神に生贄を捧げるのをやめたみたいでな――」

伊兵衛は噛み痕に指を這わせた。痛むのだろう。あちちと言ってしかめ面を見せた。

「あいつらはよ、山の神さんが今まで力ぁ貸してくれていたのに、歯ぁ持っていくのをやめちまったから、山の神さんに仕えてきた今までの生贄達が怒っているとか言うとんだよ」

伊兵衛は、その後で祖父と何やら長い時間話し込んでいたが、帰りに三峰さんを呼んで、くれぐれも山には来ないでくれよと繰り返した。

それから暫くして戦争が始まった。三峰さんも招集され、戦地に赴いた。

戦後になってから、兄が山で死んだという知らせと、家を継ぐために戻ってほしいという手紙が届いた。しかし、日々を生きることに必死だったこともあり、それは果たすことができなかった。恐らく家は従兄弟か誰かが継いだのだろう。

それからも、あの山で親戚の誰かが亡くなったという知らせは数年おきに届いた。まめなことだと思ったが、もう自分には関係のないことだと無視し続けた。

結局平成に入った頃には、知らせは届かなくなった。今、親戚が生き残っているのかは分からないという。

「俺はもうずっと地元に帰っていないから分からんけど、あの山の辺りでは、今も歯を奪うってのは、続いているのかも知れんよ。ただ、表には出てこないと思うぜ。登山客、ハイカー、山菜採り。元々深い山だから、迷い込んで遭難する奴は少なくないしな」

三峰さんは、詳細を知っているような知っていないような口ぶりで、そんなことを嘯《うそぶ》いた。だがそれ以降は、何度訊いても、俺はそんなこと話したっけかとはぐらかされて、結局詳細は分からない。

鎧

美夜さんが小学校三年生のときの話。当時、彼女は純君と土田君の二人と大変仲がよかった。

四月に同じクラスになって以来班も同じで、休み時間もいつも三人で遊ぶ仲である。こんなに仲良くなった友達は、今までいなかった。

美夜さんにとっても、毎日二人と会うのが楽しくて仕方がなかったのだという。

ゴールデンウィーク前に、純君が教えてくれた。

「僕ね、丹波篠山というところにおじいちゃんがいるんだ。おじいちゃんが自分のために節句の鎧を買ってくれたんだよ！」

本物だって！　お父さんとお母さんと一緒に、子供の日に見に行くんだって！

満面の笑顔に、美夜さんも自分のことのように嬉しく思った。

「ゴールデンウィークが終わったら、鎧のこと教えてね！」

「うん！　絶対に絶対ね！」

そうして手を振りあって別れた。

連休が明けて、純君はどうしているだろうかと、わくわくしながら登校すると、いつもすぐに駆け寄ってくる彼が、椅子に座ったまま近寄ってこない。

どうしたのかな。調子でも悪いのかな。

声を掛けてもいいものかと美夜さんが迷っていると、教室に入ってきた土田君が、おはようと声を掛けてきた。

「あれ、純君、どうしちゃったの？」

土田君も気になっている様子だ。

純君は席に着いたまま、まっすぐ前を向いて、何事かをブツブツ呟いている。

「おーい。純君どうしたの。おじいちゃんとこ行ったんでしょ？」

二人で純君の横に座り、美夜さんが声を掛けても、彼は無視するかのように何かを呟き続けた。顔に耳を近づけてみると、鎧が、鎧がと繰り返している。

「そうだよ。鎧兜どうだったの？」

虚ろな表情を前に、二人で話を聞き出そうと、何度も質問を繰り返した。

一日掛けて聞き出すことができたのは、おじいちゃんのところで鎧を見たということだけだった。正しくはたった三語だ。

「蔵にあった」

「鎧を着た」

「蔵で寝た」

これだけだった。

子供の日に、鎧を見に行ったのは確からしい。

だが、そこで何かあったに違いない。二人はそう結論づけた。

普段であれば休み時間ごとにドッヂボールや鬼ごっこに興じるはずが、その日の純君は一切机から離れようとしなかった。

給食の時間もただ呆然と座ったままで、とうとう先生が体調を心配する始末である。

その日の帰りは先生に頼まれて、美夜さんと土田君の二人で純君を引っ張るようにして家まで送った。インターホンを押すと、中からお母さんが出てきて純君のことを抱きしめ、二人に頭を下げた。

次の日は純君が学校を休んだので、放課後に二人でお見舞いに行った。

すると、お母さんが顔を出した。

「純は風邪よ。伝染《うつ》るといけないから、今日は会えないの。ごめんね」

何でこのお母さんは、こんな他所《よそ》行きの格好をしているのだろう。美夜さんには不思議に思えて仕方がなかった。

その翌日も純君は学校を休んだ。

美夜さんと土田君の二人は、連れ立って純君の家に行った。

しかし、インターホンを押しても誰も出てこない。

ガレージに車もない。庭で飼っていたはずの犬もいない。家に電気も点いていない。

どうしたのだろう。

その翌日も二人で純君の家を見に行った。

昨日と同じ。誰もいなかった。

——ああ、純君にはもう二度と会えないんだ。

美夜さんは、心に何か大きな穴が空いたような気持ちになった。

その日は夕飯が食べられず、両親から心配された。


それから数日経った。二人は放課後に職員室へ呼びだされた。

担任の先生は、二人の顔を交互に見つめて切り出した。

「お前ら、純と仲がよかったから教えとくけどな。もう純には会えないから。あいつは遠くに行ったから」

ゆっくりと含めるようにそう告げると、気を付けてお帰りと二人を促した。

二人は、純君の家を回ってから帰ることにした。

道々、純君はどこに行ったのだろうという話をした。

「転校だったら、転校って、先生もちゃんと教えてくれるよね」

「うん」

「どこに行ったんだろうね」

「きっとおじいちゃんのところかなぁ。それならまたいつか会えるよね」

土田君は、また会えるといいなぁと、何度も繰り返した。

純君の家は真っ暗で、人気《ひとけ》がないままだった。


「――それから何年も経ってしまって。もう確認なんてできるはずもないんですけど、彼の鎧は何か曰く付きの本物の骨董品だったんじゃないかなって思っているんです。だって、彼、おじいちゃんの家に行く前に、本物の鎧、お侍さんの鎧って、ずっとはしゃいでましたから」

茶碗

何かが出たらしい。それで今は油圧ショベルが止まっているという。

現場監督である芹沢さんは、カメラを掴むと、待機していたプレハブを後にした。小走りで掘削場所へと移動する。

途中で作業員が声を掛けてきた。古馴染みの田村さんだった。

今、呼びに行こうと思っていたんだよと切り出して、彼は続けた。

「芹沢さんさぁ、ここら辺って色々出るじゃん？　それじゃねぇの？」

十分にあり得る話だ。

この工事は芹沢さんの会社が請け負う前に、既に何社かが撤退している。

表向きはただの道路拡張工事。しかし、どの会社も予定通りの工期で工事を終わらせることができなかった。その結果、どこも多大な負債を被っている。

理由は過去の遺跡や遺構、いわゆる遺物の発見である。遺物が見つかってしまうと、工事を止めて自治体の調査が入るのを待たなくてはならない。

工期にはそれらの調査の時間は想定されていない。遺物が出たと泣き言を言っても工期は延びない。休んでいる間の保証もない。だから今回の話も気が重いことなのだ。

――こいつばかりは運次第だ。

現場に着いた芹沢さんが話を訊くと、油圧ショベルのオペさんは爪先に違和感を感じて、掘るのを中断したという。

「どうすっかね」

「手掘りで何か出てくるか確認するしかあるめぇよ」

作業員の一人が、油圧ショベルが何かを引っ掛けたという場所まで掘削溝を下りていき、スコップで慎重に掘り進めていく。

「あちゃー。こりゃダメだわ。芹沢さん、どうするよ。こりゃヤバいって」

田村さんが声を上げた。

作業員の足元には、文様の浮き出た土器があった。

「どうする?」

どう答えるべきか。このままだと、県に連絡して調査を入れてもらわなくてはいけない。休む期間は二カ月か、長ければ三カ月になるだろう。

「――これは困ったな。一旦社長を呼んで判断を仰ぐか」

今後の対応策を決めてから、自治体に連絡を入れるべきだ。どちらにしても、現場監督一人の手には余る事案だ。

だが、ポケットのスマートフォンを取り出そうとしていると、古株の作業員の三谷さんがハンマーを持って掘削溝へと入っていった。

「どうせ、社長に相談したって同じことだろ。出るもんが出ちまったんだから。だったらこうすりゃいいんだよっ」

全員の前で、勢いよく土器へとハンマーを振り下ろした。

「おいおい。何するんだよ。貴重なもんなんだぞ」

「貴重なものだって、生活には代えられないだろうがよっと」

尻込みする作業員達に向かって、三谷さんは笑った。

「何かあったら俺のせいにすりゃいいだろ。ほら、幾らでも持ってこいよ。俺が片端から壊してやっからさ」

軽い調子で笑いながら、三谷さんは周囲の土器を砕いていく。

土器だけではなく、綺麗な柄の瀬戸物なども一緒に出ていたのだが、三谷さんはどれも構わずハンマーを振り下ろし、バリンバリンと派手な音を上げて割っていく。

中には泥まみれでも、はっとするような美しい茶碗もあったが、三谷さんは気にせず割って麻袋に詰めていく。

古株の三谷さんに逆らえば、ろくなことにならないのは、長年の付き合いで芹沢さんにも分かっている。

勢いだけで動くところがあるので監督業は任せられない人だが、気風《きっぷ》の良さを買われており、社長とは特に仲がいいのだ。


——こうなったら責任は全部取ってもらおう。

彼が土器や瀬戸物を次々と割っていく写真を撮りながら、芹沢さんはため息を吐いた。

すると、恐る恐るといった様子で一人の作業員が芹沢さんを手招きしている。

近づくと、彼が指差したのは、茶色いつるりとした表面の球状の物体だった。そこに穴が二つ空いている。

古い頭蓋骨だった。

これは自治体どころではない。警察案件だ。

「あー、気にすんなって。砕いちまえば同じだ。こんなこと他でもやってるんだから、気にすんじゃねぇよ」

いつの間にか後ろに回っていた三谷さんは、それを土からほじくり出すと、ハンマーで砕いてしまった。

「まずいですよ、三谷さん」

「こんなのと一緒に出てきてるんだ。最近のじゃねぇって。最近のだったら、こんなところに埋めないで、あっちに埋めるだろ」

あっちとは、近所で行われている高速道路の工事である。コンクリートで巨大な基礎を作っている最中だから、そこに埋めるほうが死体が発見しづらいと言っているのだ。

もちろん悪い冗談だ。

とにかく三谷さんの割ったものは、後で産廃業者に持ち込んで引き取ってもらおう。

悪質な業者の中にはそのまま埋め戻すものもあるが、骨まで出たものをそのまま埋め戻したら、次に工事する業者から何と後ろ指をさされるか分からない。

三谷さんの大活躍で、何事もなかったかのように工事は再開した。


芹沢さんは仕事の後に会社へと足を運び、社長に三谷さんの対応を報告した。

社長はそれは大変だったねと労ってくれた。

「まぁ、みっちゃんのしたことだからなぁ。大丈夫だって、誰も見てないんだから」

社長がそういうならばと、芹沢さんは今後も何か出た場合には、その方針を採ることにしますと告げて工事を続行することにした。

それから数日経った。

待機小屋の芹沢さんの元に、三谷さんが姿を現した。右腕を押さえている。顔色も悪い。

まだ朝からの作業が始まって二時間と経っていない。

「悪りぃ。これから病院に行きてぇんだけど、抜けてもいいかな」

相当痛むのか、額にびっしりと汗を浮かべ、時折苦しげな表情を見せる。

「どうしたんですか」

「ここ数日、右腕が痛くてよ。よく眠れねぇし、薬も酒も効かないんだよ。さっきは力が抜けて、砂スコも落としちまった」

砂スコとは現場では一番軽いスコップである。それが持てないということは、軽作業すらできないということだ。

「午前中なら外来間に合いますね。今、車出しますから」

芹沢さんは急いで車を出し、近所の総合病院へ向かった。

診断結果は、炎症とのことだった。

腕の使い過ぎで、炎症が出て、それが悪化して痛みが酷いのだろうということだった。

痛み止めと湿布薬を処方されたが、三谷さんは浮かぬ顔をしていた。

「俺、腕使えなくなっちまうのかなぁ」

「すぐ治りますよ。現場に戻ったら、軽めの作業をやってくれればいいですから」

三谷さんのような現場の長い人に抜けられるのは痛い。

掘っていく先に水道や下水管などがあるかを勘で探り当てるのは、経験によるところが大きい。しかし、怪我ばかりは仕方がない。無理をしてもっと悪くなられても困る。

「だよな。すぐ治ってもらわないと困るんだよ」

不安そうに漏らしながら、三谷さんは腕を擦った。

彼はそれから一週間もしないうちに、腕に強い痛みを訴え、再び病院に搬送された。今度は入院だという。

三谷さんが入院して一週間と経たないうちに、芹沢さんは社長に呼ばれた。

「みっちゃん、これから現場には参加できなくなったから」

「え、彼一体どうされたんですか」

「俺も昨日見舞いに行ったんだが、腕が内側から腐っちまっているそうだ。手術で、肘から先を切り落とすらしい」

「それですと、引退ですか」

「そうなるな。あいつ、別人のようにしょぼくれちまってなぁ。現場で頑張りすぎちまったんだろうなぁ」

社長は寂しそうな表情を浮かべた。


最初に土器を発見してから、一カ月経った。

その期間中、掘削中に土器と人骨が二度出た。そのたびに芹沢さんは、ハンマーで割り壊すように指示を出した。

工事は順調に進んでいるように思えたが、その後、土器や骨を壊した作業員が次々と腕の痛みを訴えた。彼らは腕の炎症で入院し、二人とも片腕を切り落とした。

三谷さんと同じだ。

二カ月近くで三度。偶然にしては余りにも頻繁だ。

「監督、俺の腕が腐っちまったのは、あの茶碗を割っちまったからじゃないですか」

一人の作業員は詰《なじ》るような目をした。

黒くて、内側が貝殻みたいに光っていたあれですよ。

俺、三谷さんも同じものを割ってんのを見たんですよ。

あの茶碗のせいでしょ。あれ割ってから腕が痛くなってきたんだ。三谷さんだって同じでしょ。俺知ってんですよ。横で見てましたからね。あれを割れって命じたの、あんたですよね。どう責任取ってくれんですか！　黙ってないで下さいよ。あんた、監督としてどう責任取ってくれるかって訊いてるんですよ！


興奮した作業員から逃げるように、芹沢さんは病院を後にした。

もう一人には、面会すら断られた。


ことの経緯については三谷さんのことも含め、他の作業員には内密にしている。

しかし、いつか漏れる話だ。

芹沢さんは意を決して、社長にここまでの経緯と、せめてお祓いくらいはするべきではないのかと進言した。

社長は黙って芹沢さんの言葉を聞いた後に、右腕を擦りながら漏らした。

「――ここら辺は土器が出るだろ。だから古い土地なんだろうけど、それだけじゃなくて、江戸時代までの遺構も色々と残ってんだよな。少し北側では、大量の骨も出たし、南側には貝塚があったり。かと思えば、少し東ではめちゃくちゃ貴重な茶碗の欠片が出てきたりしてな。価値が分かんねぇんで、俺らも他の奴らも、みーんな潰しちまってたけどよ」

確かに宿場町からも近い土地で、歴史もあるとは聞いている。

「ここは掘れば、時代も何もかも、ばらばらに色々出てくるんだよ。だから何か恨みを持ったのがいてもおかしくねぇな」

話し終えた社長は右腕を押さえて顔を顰めた。

——痛むのか。腕が。

芹沢さんは、一礼して部屋を出た。


結局工事は止まった。県の教育委員会による発掘調査が入っている。

芹沢さんはその決定以降休職中だ。あれ以来社長とは会っていない。

彼の家に顔を出した古馴染みの田村さんの話によれば、念入りにお祓いをしてから、工事を再開する予定だという。

鬼の腕

鬼の腕が出ると二人死ぬ。家長はその腕に二人の名を告げねばならない。

「そんなこと突然言われたって、どうしたらいいか全然分からないわよ」

ある年の春、久しぶりに連絡をくれた丸都さんは、感情のすり減ったような声を上げた。

「そんなの結婚するまで知らなかったわよ。教えてもらえなかったし。旦那も信じてなかったっていうんだもん」

彼女は横浜に住む専業主婦で、幼稚園に通う娘が一人いる。

旦那さんは一人っ子だが、両親を早くに亡くしている。結婚するときに、苗字をどうするか話し合った。彼は、一族はもう絶えてしまって、最後に自分しか残っていないのだから、苗字を変えてもいいよと言ってくれた。

しかし、彼女はそれを拒んだ。夫の家の苗字は珍しいものだったし、愛する人の苗字に変わるということに憧れもあった。そして何より、彼に最後に残されたものまで奪ってはいけないと思ったからだ。

だが、今はその選択に後悔もある。

一月ほど前に、夫から真剣な顔で相談を受けたからだ。

「ごめん。俺、お前に隠してたことがあったんだ」

この人は何を言っているのだろう。

浮気か結婚前からの彼女との付き合いか何かだろうか。

心がどす黒く染まっていく。

「――うちの家系に、一つ伝説が伝わっているんだ。俺も真面目に信じていなかったから、結婚前に、お前に伝えなかったんだ」

――伝説？

全身から力が抜ける。

彼はぽたぽたと涙を流しながら、その伝説を語った。

数十年に一度、家系の者の元に鬼の腕が現れて、一族から二人選べと言う。

もし二人を選ばなかったら、家は絶える。二人を選べば二人は死ぬが家は続く。

「それで、昨日の夜中に出たんだよ。腕が。それで次に来るまでに決めておけって――」

「誰の名前を言ったのよ」

「まだ言っていないよ。次来るときにまで決めておけって言われただけで」

「だけでって、あんたさぁ、そこ大事なところでしょ？」

初めての夫婦喧嘩だった。

「旦那は夢かもしれないし、ただの伝説だから気にするなって言うのよ。家族の誰を差し出すかなんて、決められないし答えるつもりもないって。でもそれって、家が絶えるってことでしょ。こういうの、昔は家族が多かったから成り立ってたのかもしれないけど。酷くない？」

家が絶えるって、どういうことだと思う？

離婚すれば良いのかな。旦那は私達の名前を言うのかな。

私と旦那の名前を書いたら、娘はどうなっちゃうんだろう。

もし、今後息子が産まれたらどうなっちゃうんだろう――。

彼女は、何かあったらすぐに連絡するからと言って別れた。だが、それが彼女との会話の最後だった。夏が過ぎ秋が過ぎ、一年が経った。

メールやSNSで何度呼び掛けても、丸都さんからはあれ以来全く反応がない。

狐

「最近、須磨屋のお姉ちゃん見ないね」

薫子さんは、仏壇の前で裁縫仕事をしている母親に訊ねた。

須磨屋とは彼女の家の近所にある和菓子屋である。

その和菓子屋には、彼女より一つ年上のお姉さんがいて、薫子さんは小学校に上がる前から、よく遊んでもらっていた。お姉さんの名前は和歌子という。しばしば一緒に歌を歌ってくれたのを覚えている。ころころと笑う、明るく感じのいい子だった。

「和歌ちゃんね。ちょっとおかしくなっちゃって、今はあの家にはいないって話よ」

おかしくなった。何があったのだろう。

自分が今年の春に高校に入学したのだから、彼女は高校二年生のはずだ。

薫子さんは、何があったのと訊ねた。

母親は娘のほうも見ずにその質問に答えた。

「狐が憑いたのよ」

狐――？

その答えは薫子さんにとって意外なものだった。まさかこの現代に狐憑きなんてものが実際にあるとは思わなかったからだ。

「あなたも、須磨屋さんちに行ったことあるでしょ。長いこと商売されてきたから、お庭にお稲荷さんが祀られているの知ってるわよね」

確かに、庭の一角には古い鳥居と、その奥に社があったのを朧《おぼろ》げながらに覚えている。

「おじいちゃんの家にも、お稲荷さんあるのは知ってるわよね」

母親は玉止めをすると、握り鋏で糸を切った。

――お稲荷さんって、ちゃんとしないと怖いのよ。

その口調が、余りにも思い詰めたようなものだったので、薫子さんは、それ以上聞くことができなかった。

須磨屋さんが、商売を辞めるという話が伝わってきたのは、それから一年ほど経った頃だった。

「覚えてる？　お稲荷さんよ」

母親は、薫子さんに小声で言った。

「え、和歌子お姉ちゃんのときもそう言ってたけど」

「そうよ。よく覚えておきなさい。あの子とはもう二度と会えないと思うし――」

やっぱりそうなのか。

覚悟はしていたが、改めて言われると悲しみが湧いてくる。

「最初はね。職人さんが辞めちゃったの」

母親はそう前置きして話を続けた。娘に御近所のゴシップを話すというには真剣で、諭すような口調だった。

その職人は、三十年以上須磨屋で和菓子を作っていた。

彼がいなくては、作れない菓子が幾つもある。それでも長年世話になった店を辞める決意をしたのは、須磨屋の旦那さん――和歌子の父親がお稲荷さんを壊したからだ。

実際、庭の隅に祀られたお稲荷さんのことは、ずっと誰も世話をしていなかった。年末の大掃除で、職人達が周囲を掃く程度だったという。

これは薫子さんの記憶とも合致している。

赤い塗料の剥げた鳥居と、台座の苔むしたお社。

お姉さんに、子供は近づいてはいけないと言われたのを思い出す。

須磨屋の旦那さんは、今後婿を取るために、早く家屋を増設しなくてはと考えた。ただ、和歌子さんはまだ高校生である。女子校に通っていたし、真面目な子で、浮いた話の一つもなかった。

だから、何故そんな先走ったことを考えたのかは、よく分からない。

ただ、彼は商売柄もあってか、重い糖尿病を患っているという。彼なりに老い先を考えてのことだったのかもしれない。

だが、彼が取った手段は乱暴なものだった。重機を借りてきて、何のお祓いも手続きもなしに、お社を破壊したのだ。

いい枝振りの植木も、皆駄目にしてしまった。

商売をする人が、お稲荷さんを蔑《ないがし》ろにしてしまったら、もう何が起きるか分からない。だから自分は須磨屋さんから逃げ出すんですよ――。

職人はそう言って立ち去ったという。

「それから、和歌子ちゃんがおかしくなってしまったのよ」

高校二年生になったばかりの彼女は、ある朝、下を全く穿《は》かずに、学校の鞄を持って玄関を出ようとした。

下というのは、制服のスカートと下着だ。

ぎょっとした母親が止めようとしたが、彼女はそのままドアを開け、外へと飛び出した。

母親が彼女の服の裾を掴んで押さえつけたため、敷地から表までは出なかったが、その諍《いさか》う声を近隣の人たちが耳にしている。

キーキーという甲高い声を出し、歯ぎしりのような音を立てて威嚇《いかく》している姿は、まるで獣のようだったという。


母親の語る内容に、薫子さんは衝撃を受けた。

よくある怪談話のようなことが、こんな身近で起きるものなのか。

自分と歳も変わらないような思春期の女の子が、下半身丸出しで学校へと向かおうとした。確かにタガが外れている。そこから先は獣のようだったというが、その間、お姉ちゃんには人としての意識があったのだろうか。

あったのなら、堪えられまい。そんな残酷なことがあっていいものか。

自分なら、きっとその恥ずかしさに、二度と近所を歩けない。

逆に、完全に意識がなかったのなら幸いだろう。

「和歌子ちゃん、その日は二階の部屋に立て篭もったらしいのよ」

自分の部屋ではなく、納戸として使っている部屋に立て篭もった。

ただ、一時間としないうちに、パタリと倒れてしまって、そのまま昼過ぎまで寝込んでしまったという。

そんな騒ぎが毎朝続いた。近所の人たちもどうなるのか心配していたらしい。

年頃の娘がスカートも下着も身に着けないままで駆け回る。それを家族総出で追いかけ回す。

ついには、あられもない姿で天井や壁を駆け、軽々と二階の屋根まで上がった。

尻を高く上げ、四つん這いで走っていたという。

生理なのか、股間から血を垂れ流し、太ももを真っ赤にしながら庭先を駆け回っている場面も目撃されている。

確かに人の振る舞いではないように思われた。


「でもね。そうなってからは早かったって」

なんでお母さんはこんなにも嬉しそうに話すんだろう。

薫子さんはゾッとした。

自分の母親ではない何かが、彼女の身体を借りて語っているように思えたからだ。

「和歌ちゃん、家の中だけでなく、外へも駆け出して、最後には全裸で四つん這いになって走り回るようになったのよ」

母は歯を剥いてけけけけと笑った。普段出す笑い声ではない。何かおかしい。

「お母さん、もういいよ。可哀想じゃない！　お姉ちゃんが狐に憑かれちゃったのは分かったから！」

その言葉に母親の虹彩が、縦にきゅっと変形したように見えた。

嗤っている。

「須磨屋さんも、お祓いやら何やら手は尽くしたのよ。でも元には戻らなくて。家に閉じ込めたり病院に入れたりしたみたい」

母親は、薫子さんのほうに一歩迫って続けた。

「四つん這いで走るようになってから手を尽くそうなんて、遅すぎるわな」

その言葉の最後は、しゃがれた男性の声だった。

錆山

平成もまだ半ばになる前の頃だった。

雅子さんは夕飯を軽く摘まむと、神戸の街を出て山のほうに向けてハンドルを切った。

一人きりのドライブだ。六甲山をぐるっと回って宝塚方面に出るつもりだった。愛車で夜の田舎道を走ってみたいと思ったからだ。

最近、むしゃくしゃするようなことが続いている。車通りも少ない辺りを走っているうちに、思考の整理も付くだろう。

だが、走り出して一時間としないうちに道を見失った。案内板をどこかで見落としたのだろうか。まぁいいさ。どこかには辿り着けるだろう。まだ夜も早い。燃料もたっぷり入っている。

その当時、彼女が乗っていた車にはナビがなかった。ＰＨＳは持っていたが、山に入るとすぐに圏外になってしまう。

土地勘がないので、今自分がどちらを向いて走っているのか全く分からない。

それにしても街灯がなくなって、もう二十分は走っている。店はおろか道に信号も標識もない。

山の中だが、木々はそこまで鬱蒼《うっそう》としている訳ではない。中途半端な田舎道。そういう意味では、当初の目的は達成している。

だが、行き先の分からない旅路が、こんなにも不安を掻き立てるものだとは思ってもみなかった。

だらだらと続く一本道。Uターンをしようにも、二車線ではこのサイズの車は切り返せない。かといって、もはやバックで戻れる距離ではない。切っ掛けが掴めずに、だらだらと走り続けてしまった挙句のこの仕打ちである。

今から考えると、どこかに続いているのを期待したのが間違いだったのだ。

この道に入ってから対向車も来ない。まだ夜八時過ぎだというのに、まるで深夜の峠道でも走っているかのような感覚。

——どこかにコンビニでもあれば良いのだけれど。

信号がないと休憩もできない。コンタクトレンズが乾いてくるのが不快だった。

どこかで路肩にでも車を停めて眼鏡に替えたい。喉も渇いてきた。自動販売機か何かないのかと思いながら、もう随分経った。

この道に入り込んでから、不思議なほど人の気配が感じられない。民家もない。交差点もない。ただひたすらまっすぐに続く田舎道。

限界だ。目を休めたい。後続車も来ないだろう。

彼女はハザードランプを点灯させ、真っ暗な路肩に車を停めた。

車内のライトを点けてハンドバッグから眼鏡を取り出し、コンタクトレンズを外す。

ＰＨＳは当たり前のように圏外だった。この会社《キャリア》のものは電波が弱すぎる。今度から山でも大丈夫なように、携帯電話にしないと。

——脚がパンパンだわ。

ドアを開けて車外に出た。空気はひんやりとして気持ち良かった。車の周囲を歩き回って、軽くストレッチをする。


少し運動して、気分も良くなった。

周囲には、廃道ほどには枯れ葉や枯れ木が落ちていない。だから今走ってきたのは、現役の街道なのだ。それだけでも心強かった。ただ、距離メーターを見ると、そろそろ走行距離は八十キロになろうということが分かった。予定を大幅に越えてしまっている。

——そんなに走ったかしら。

気を取り直して車を走らせる。

すると五分と経たずに勾配の厳しい山道になった。恐らくこのまままっすぐ辿っていけば、峠に向かうのだろう。

雅子さんは、もしこのまま山越えをしたら、どこかの町に出るのではないかと考えた。実際、Uターンできる場所は見つからなかった。かといって、どこかで無理やり切り返して、今来た道を戻るのも癪《しゃく》に障る。

あっという間に急勾配をうねるように進む道に変わった。

そのとき、雅子さんの目に先行する光が入った。明らかに車のヘッドライトだ。先の少し高い位置。何度かつづら折りを進んでいった先だろう。

きっと、どこかの町に向かう地元民の車に違いない。このままついていけばいい。

だが、五分経っても十分経っても追いつけなかった。峠道で飛ばせないのは仕方がないが、こちらは三ナンバーの馬力がある車なのに、追いかけても追いかけても追いつかない。焦ってアクセルを踏んでも、急なカーブに阻まれてすぐに減速を余儀なくされる。

——もういいや。

雅子さんは車を停めた。

もう疲れた。このまま先行する車に引き回されても、どこかに辿り着ける保証はない。

ここまで三時間は走っている。その間に信号一つもない。流石に異常だ。

怖い。

音楽を流そうとラジオを点けても、放送が入らない。チューニングが合わないのだ。真っ暗な山中に一人取り残された。まさか、この場所まで何かが導いたというのか。

恐ろしいと涙が出ると初めて知った。彼女は泣きながら、大声で歌を歌い続けた。歌って歌って歌って、歌い疲れて車内で寝てしまった。


コンコン、コンコン。

誰かが何かを叩く音で目が覚めた。目を開けると、周囲は眩しいほどの光に包まれている。

朝だ。

コンコンという音は、野良仕事の格好をした中年男性が、運転席側のサイドガラスを叩いている音だった。

慌てて窓を下げると、男性は雅子さんに訊ねた。

「ここ、うちの土地やけど、あんた何しとん」

とぼけたような口調だった。不法侵入を詫びて、正直に夕べ迷ったことを話した。すると、男性は眉間に皺《しわ》を寄せた。

「おねえちゃん。ちょっと車降りてくれるか。見てもらいたいもんがあんねんけど」

何があるのだろうかと疑問に思いながら車を降りると、男性は車の前方を指差した。

「ほれ、あっちな。道なんかあれへんやろ」

確かに五メートルも歩いた先は崖になっていた。

振り返ると、車を停めている場所には、車が二台すれ違える幅はある。しかし足元は砂利が敷かれているだけだ。

その幅のまま、数メートル進むと崖。

そもそもここは道ではなく、男性が山仕事をするために、仮に駐車場にしているのだという。

確かに道には軽トラが置かれている。

「おねえちゃん。あんたごっつ運ええわ」

確かにそのまま車を走らせていたら、真っ逆さまに落ちていたことになる。

男性が、崖の下も見てみろというので、雅子さんは恐る恐る崖の下を覗き込んだ。目も眩む高低差に引き込まれそうになる。

崖の下の木々の間には、錆びついた車が何台も積み重なっていた。その横には巨大なトレーラーがねじくれたように腹を見せている。

「ここなぁ。もう何台落ちたんか知らん。朝になったら落ちとうし。ほん最近、あのトレーラーも落ちたんやで」

ヘリコプターの手配やらが大変で、いまだにトレーラーの遺体は未回収だという。

「迷い込んできた車で命があったんは、多分おねえちゃんだけやで。あのトレーラーも、あんたみたいに、連れてこられたんちゃうかな」

なお、そこからの帰り道では、山を降りてから二十分と経たずにコンビニのある交差点に出ることができたという。

抜ける

季節は丁度お盆を過ぎた頃だった。長期の夏休みを取った裕子さんは、実家に帰省していた。

ここ暫くは残暑が厳しく、朝から日中にかけては気温が三十度を下回ることはない。街に買いに出たい物はあるが、出かける気持ちがまるで湧いてこない。

自分の部屋は二階にあるが、この時間にはエアコンを入れても涼しくならないので、昼間は一階の仏間に退避している。

仏間のエアコンを点けて、畳の上で大の字になって寝ていると、途中で覚醒しているのか夢の中なのか分からない状態になった。

起き上がろうとしたが、身体が畳にくっついているような妙な感覚がある。

金縛りだろうか。しかし、腕も首も動く。ただ起き上がれない。背中が畳に縫い付けられているかのようだ。

夢なのだろうか。夢ならばいい。それならすぐに覚めるだろう。

裕子さんは寝返りを打とうとした。しかし、まだ自分の背中は畳にくっついている。

自分はちゃんと目覚めていないのだろうか。裕子さんは頭の横に置いてあるはずのスマートフォンに指先を伸ばした。

あっ。

指がスマートフォンに触れた途端に、足元から引っ張られるような感覚があった。身体のどこかを掴まれているのとは違う。肉体からもう一人の自分を引き摺り出されるような感覚だった。

肉体と意識が二重になっているような、得体の知れない気持ちの悪さ。

首を上げて足元の様子を確認する。すると仏間の砂壁に渦が描かれて、それがゆっくりと回転していた。

目もおかしくなったのだろうか。不安に思って再度天井を見上げると、こちらは動いていない。

——何よこれ。

相変わらず何かが引っ張っている感覚がある。これも解せない。背中だって張り付いたままなのだ。動きっこないではないか。

その直後に、ずるりと引き摺り出された実感があった。

——抜けた！

慌てて周囲を確認すると、自分の腕が視界の真横に転がっている。

これは身体から全部抜け出たら死んでしまうのではないか。むしろ自分はもう死にかけているのではないか。いや、もう死んでしまったのだろうか。

心臓は動いている。呼吸だって続いている。何より意識がある。

混乱した頭で、足元の壁を睨みつけてやろうと首を上げると、歪んだ砂壁の前に、いつの間にやら二人の人物が立っていた。

赤いワンピース姿の幼女と白いシャツにスラックス姿の背の高い男性。

「あんた達、一体誰よ！」

あ。普通に声は出せるんだ。そのことに声を上げた裕子さん自身が驚いていると、二人はこちらに視線を向けた。その目からは感情を読み解くことができなかった。

眉の上で髪を切り揃えた幼女は、赤いワンピースの胸元に白いリボン、手元は黒いリボンを両手に結んでいる。

「一体何なのよ！」

両手を振っても、動かしている感覚はあれども、肉体は動いていない。横を向くと掌が見えた。ということは、もう腰の辺りまで抜けているのか。

焦りが出た。何とか元の肉体に戻ろうと必死に格闘していると、女の子が男性を見上げて口を開いた。

「間違えた。これじゃないわ。この隣の家。もっと年寄り。キヨコって名前」

あなたバカじゃないの。時間に間に合わないじゃない。すぐに隣に行くわよ——。

相棒を毒づくその言葉を最後に、二人の姿が消えた。渦のように回転していた壁も元通りだ。それよりも引っ張られる感覚が消えて、ノロノロと視界が元に戻っていく。全て元通りになるまで、体感で五分は掛かった。戻ったかなと手を動かすと、ありがたいことに自然に動かせた。

すぐに立ち上がってスマートフォンを拾い上げた。もうこの部屋にいたくない。

部屋はよく冷えているのに、汗だくだ。

心臓よし。呼吸よし。両手両足よし。

すると仏間の襖が突然開いた。外出から戻ってきた母親だった。母親は汗だくになっている裕子さんの横を通り過ぎ、着物箪笥《だんす》を開けながら言った。

「今、隣のキヨコおばあちゃんを看取《みと》ってきたわ。これからお葬式で人手が足りないから、色々手伝ってね」

労災

派遣労働者として建設業に携わる川原さんから聞いた話である。

最初におかしいと気づいたのは、彼の同僚の林君だった。

「このところ、労災続いてませんか」

何げなく放たれた一言だったが、その場の皆に思い当たる節があった。

派遣社員である川原さんと林君だが、他の仕事場の同僚達とも交流がある。

労災が続いているというのは、本来であれば本社からの通達がない限りは知りようがない事案だ。そもそも通達されないことのほうが多い。しかし同業の友人や知り合い経由で耳に届くのだ。

人の口に戸は立てられないのは、どこの組織でも同じだ。

川原さん自身も、それほど他人と交流がある訳ではないが、巡り巡って情報は入ってくる。だから今年になって労災が続いているという話は聞いている。

体力勝負の派遣仕事で現場には年配者も多く、過酷な労働で身体を壊す者も珍しくない。

労災が起こるのはある程度は仕方のないことではあるが、例年の同時期と比較して、倍以上の頻度で発生している。つまり、偶然というには余りにも偏っているのだ。

「それもさ、あの子のところばかりでしょ」

林君は意味ありげに匂わせた。

その場にいる全員の頭の中に、一人の女性の顔が思い浮かんだ。

あの子、とは半年前に入ったばかりの平田さんだ。

女の子とはいっても三十代半ば。大人しいというよりはまるで主張がない。愛想もないし、周囲に喋る姿も殆《ほとん》ど見たことがない。とにかく他人と連携することが苦手だからと、〈報連相〉を疎《おろそ》かにするのが厄介だ。

それでも最初は若い女性が珍しいこともあって、周囲から過度にちやほやされていた。余りにも周囲からの平田さんに対する誘いやセクハラまがいの言動が酷かったこともあり、川原さんが同僚を窘《たしな》めたり、上司に報告をして職場を変えるよう進言したのも一度や二度ではない。

その彼女が配属されている職場で労災が続いている。

「まるでさ、疫病神じゃないか。何かあると線香の匂いがするって噂だし」

川原さんも同じことを思っていたが、口には出さない。

誰が誰の悪口を言っていたという情報も、どこからか素早く伝わっていくのはよく知っている。どこにでも噂好き、ゴシップ好きはいるからだ。

「そんなこと他の人に言うなよ。可哀想だろうが」

林君を窘める。

――とはいえ、頭の痛い話だな。

平田さんと組んだ人や、彼女がいる場所で労災が起こっているのは間違いないのだ。

口には出さないが、川原さんの耳には、派遣社員の怪我だけではなく、彼女の派遣先の現場での事故の話も届いている。

ただ、どれもちょっとした事故として処理されるようなものばかりだ。

重いものを足に落として怪我をした。

木材が倒れてきて怪我をした。

配送車が不注意で下がってきて足を轢《ひ》かれた。

そんなことが二週間に一度は起きており、ついには、平田さんと一緒の部署はやめてくれと人事に訴える人間まで出ているというのだ。

線香の匂いというのは、彼女の横を通ると、時折ぷんと香るというもので、確かに川原さんも何度か体験している。ただ、労災の現場でも同じ香りがしたという話は、多分皆の思い違いだろう。

川原さんは嫌な気持ちを抱きながら、それでも平田さんに対して、平等に接しようと考えていた。


「川原さん、川原さん。俺一昨日変なもの見ちゃいましたよ」

仕事帰りに職場を出て暫くしたところで、林君が声を掛けてきた。

「平田さんの話なんですけど」

今、平田さんは班長を勤める川原さんの部下として同じ部署にいる。

周囲の道に人がいないのを確認してから、声を潜めて叱り付けた。

「あのな、何度も注意するけど、同僚のことを変とか言っちゃダメだろ」

「いやでも、これ川原さんも聞いといたほうがいいと思いますよ」

面白がっている様子ではなく、真剣な面持ちで林君が続けた。

「○○神社って知ってます？」

ここらへんでは有名な神社だ。そこそこ大きく、宮司こそ常在してはいないが由緒は正しい。

「その神社って、俺の家の近所なんですよ」

夜、コンビニに買い物に行く途中に、真っ暗な神社に人影がいた。

入り口からは距離があったが、後ろ姿から平田さんだとすぐに気づいたという。確かに平田さんも地元在住だったはずだ。この神社に足を伸ばすのは不自然なことではない。

「それでも彼女、凄く一生懸命拝んでたんですよ。こんな夜遅くにそんなことしてるなんておかしいなぁって思って」

コンビニの帰りにも、彼女は拝み続けていた。

何をこんなに熱心に拝んでいるのだろうと、道からじっと動かない後ろ姿を見ていると、林君の横をすっと通り抜けるようにして、背後から神社に向かう黒い影が見えた。

走るよりも速いスピードで平田さんへ近づいていく。

あっと声を上げる前に、その影は平田さんの背中に辿り着くと、溶け込むように、すっと消えた。

「それから五分くらい見てたんですけど、その間にも、小さいのや茶色っぽいのとかも、どんどん平田さんの側に集まっていくんですよ」

怖くなって、林君は慌ててその場から離れた。

気のせいだと思おうとしたが、どうしても気持ちが晴れずに、同僚の川原さんに話すことにしたのだと、彼は打ち明けた。

「ところで、川原さん、今日平田さんと何かありました？」

噂をもう聞きつけたのかと、川原さんは仕方なく口を開く。

平田さんが自分の預かりになって、各所で問題を起こしている理由が判明したのだ。

彼女は思った以上に、仕事に対して真面目に取り組んでいなかった。

仕事中にサボる。休憩時間も守らず、朝も遅刻する。仕事中に姿を消してしまったこともある。訊けばトイレに行っていたというのだが、同僚の話では三十分近く席を外している。

これでは評判が悪いに決まっている。

そんなことが一週間も続いたので流石に班長として一言伝えなくてはいけない。強い口調にならないように窘めたのだが、彼女はいつも通りの仏頂面で、「はい、はい」と小さく返すだけだった。

今後をどうしたものかと思っていたところに、林君の話である。

「幽霊とか、オカルトなんて信じてないんですけど。彼女はヤバいと思います。気が付かれてますか。さっきから川原さん、凄い線香臭いですよ」

だから声を掛けたのだと林君は真剣な口調で言った。

口には出していないが、平田さんが怪我をした人を呪うようなことをしているのではないか。

お互いそう考えているのが分かる。

「ありがとう。気を付けるよ」

もし今後も続くようなら、会社の上に相談しよう。

しかしそれは叶わなかった。

翌朝、川原さんは車に轢かれて一時心肺停止となり、二日間生死の狭間を彷徨《さまよ》うことになったからだ。


病院で目が覚めて三日経った。

頭を強く打ってはいたが、身体は打撲程度で済んだので、退院までは早かった。

林君が心配して、仕事を早退してまで面会に来てくれた。

「大丈夫ですか、川原さん。あんな話をした次の日だから、俺のせいかと思いました」

「そんな訳ないだろう」

しかし、事故に関して警察から聞いた話は、少しおかしかった。

会社へ徒歩で向かっていた川原さんに対して車が急に幅寄せして、そのまま車と壁に挟まれたのだ。

車の運転手は、右から女の人が飛び出してきたと主張しているらしい。慌てて誰もいない左側にハンドルを切ったら、歩行者を挟んでいた。身体が当たるまで、川原さんの存在に気が付かなかった。そう証言しているという。

ただ、助手席の同乗者は、人影などなく、突然運転手がハンドルを切って、歩行者と壁に向かっていったと話しているそうだ。

運転者の話は、その場限りの言い訳にしても奇妙な話である。そんなにすぐにバレるような嘘を吐くだろうか。

「でも、無事で良かったです」

無事な訳があるか。こちらは死にかけたんだぞと、文句の一つも口に出しそうになったが、泣きそうな顔の林君を見ると、そう強くも出られなかった。

「やっぱり平田さん、ちょっと怖いですよ。川原さんが来ないって話をしてたとき、ニコニコ笑いながら、交通事故にでも遭ってるんじゃないですかぁって笑ってたんですよ」

そのときの平田さんは、額の辺りが痣のように紫色に変色していたんですと、林君は声を顰めた。

実はな、俺も――。

そう言葉が衝いて出そうになったが、川原さんはそれを飲み込んだ。

「神社って、夜には神様がいなくなって、悪いものが来るっていうじゃないですか。俺、思ったんですよ。平田さんは、それに頼み事をしてたんじゃないかって」

前に夜の神社で平田さんを見かけた翌日、同僚の吉川さんが左手首に工具を落として骨折するという大怪我をした。

平田さんを監視していた林君が疑いを持ったのは、それから少ししてからだ。

左手で釘の入った箱を持とうとした平田さんが、「痛っ」と言いながらそれを落とした。大丈夫かと声を掛けようとして、気づいたのは、痣のように変色した手首だった。

「代償って訳じゃないけど、自分も怪我をしながら、呪ってんじゃないですかね。彼女、やたらと絆創膏《ばんそうこう》とか包帯とかしているときがあるじゃないですか。それ、必ず労災が出た翌日なんですよ」

「林君、それ他の人に言っちゃ駄目だよ」

「言わないです」

川原さんは、自分がそこまで恨まれるような真似をしたとは思えなかった。

しかし、事故の朝のあれは何だったのだろう。

向かってくる車の向こうに平田さんが立っているのを見たのだ。

彼女は確かに嫌な顔で笑っていた。

運転手が見たのであれば、それは彼女のことだろう。

ただ、林君と職場で話している以上、平田さん自身がそこにいたとは思えない。


退院して職場に復帰すると、平田さんはその職場からいなくなっていた。

川原さんの無事が伝えられた翌日に、無断欠勤してそのままなのだそうだ。

彼女は酷く狼狽《ろうばい》していたと、林君が教えてくれた。

川原さんは、額の傷跡を擦った。もし代償を受けるのだとしたら、彼女自身もただでは済まないはずだ。


「彼女がいなくなってから、労災は例年と同じくらいの頻度に戻りました。そこまで他人を恨んでばかりの人生って、一体どんな感じなんでしょうかね――」

川原さんは、深く長くため息を吐いた。

肉丸

「この間、友達が人刺して逮捕されちゃって。それも、ちょっと服にコーヒーが跳ねたとか、割とくだらない理由で」

鴨山さんは秀子さんにそう語った。

元々その友人は、そこまで怒りっぽい人物ではなかった。それが急に怒りっぽく、また喧嘩っ早くなり、周囲とトラブルを起こしがちな要注意人物になってしまったというのだ。

仕事上のストレスか何かが原因かしらと訊ねても、そうではないという。

「――余り人には言ったことがないんですけど、あたし割と視える人で。最近変なものを見ることが多いんですよ」

ここ暫くの間、その友達の後ろに、人の手足が生えたアンバランスで巨大なひき肉の塊が視えていた。

気味の悪いものではあったが、何をする訳でもなく、友人の後ろにぼうっと突っ立っている。

どうも幽霊とも妖怪とも違うような気がする。

「他にも街で見かけることもあるから、友人だけじゃないんですけどね。それが彼の後ろに見えるようになってから、怒りっぽくなったような気がして――」

ここ五年くらいで、よく見るようになった気がする。鴨山さんの話はそこで終わった。


秀子さんには、その肉の塊の正体が何かはよく分からない。

彼女は趣味で不思議な話を聞き集めている。理解できないような体験をしたこともあるが、この程度のことなら、皆一度や二度くらい経験しているだろうと考えている。

聞き取ってきた話は、自分で書いたり、動画として配信する訳ではない。ただ自分の楽しみのためだけに集めている。例外的に、知り合いの怪談作家に聞いてもらうことがあるくらいだ。その中には本に載った話もある。

世間から見れば、おかしな趣味だろう。それこそ大っぴらにすれば、周囲から趣味の悪い奴だと言われそうだ。だから、余り積極的に表には出していない。

ただ不思議な話を集めるのは楽しい。特に、全然関係のない人たちが、一つに繋がる話をしていることに気づいたときには、背筋の毛が逆立つほどの恐怖と興奮を感じる。

自分はそんな極上の一瞬のために、体験談を集めている。彼女はそう考えている。

秀子さんが鴨山さんから挽き肉団子の話を聞いて、一月ほど経った。

知人の紹介で、横浜で工務店を営む、ヒデさんという人から話を聞く機会が持てた。彼は色々と奇妙な体験談を持っているというので、とても楽しみだった。

駅前に姿を現したヒデさんは、口髭を蓄えた五十代の男性だった。頭は白髪で真っ白だが、とてもエネルギッシュな印象を受けた。

――きっと女の人にモテるのだろうな。

そんな人が怖い話をしてくれるというのが面白かった。

彼は知人から、秀子さんのことを聞いていたという。

「あいつったら、〈奇妙な話〉がめちゃくちゃ好きだから、是非脅かしてやってくれとか、そんなことを言うんですよ」

否定できない。

「それじゃ、早速。余り怖くないかもしれないけど、それだったらごめんなさいね」

彼はそう前置きして話し始めた。


ヒデさんの実家は熊本県にあるという。

彼は大学進学を機に単身関東に出てきて、そのまま就職した。十年以上前に両親が亡くなり、家業も兄が継ぎ、近頃ではもう地元に帰る機会もない。

「それで最近、本家の兄ちゃんがこっちに出てきたんだけど、そのとき気になることを言ってたんですよ」

彼の実家はいわゆる分家筋だ。本家を継いだ三つ年上の従兄弟は、地元で神社の神主をしている。その彼が東京で集まりがあって、九州から出てくるに当たり、ヒデさんを頼ったという経緯らしい。

「俺の家に泊まってもいいかって訊くからさ、うちは別に構わないけど、都内までは一時間くらい掛かるよって説明したんだけどね。こっちは先日離婚して部屋も余っているから、泊まりに来てくれるのは構わないよって言ったら、来るっていうのよ」

会合が済んで終電近い時間に現れた従兄弟は、初夏だというのに顔は真っ青で、歯の根が合わないほどに震え、恐ろしげな形相を浮かべていた。

大丈夫かと訊ねると、大丈夫だと答えた。

「いや、そうは言うけど心配だからさ。疲れたでしょう。風呂にでも入りますかと訊いたんだ。そうしたら、悪いが塩と日本酒を少し借りられるかと、そう言うんですよ」

彼は風呂に日本酒を注ぎ、塩を溶かして入った。

風呂から出てきた従兄弟は、まだ何か考えごとをしているようだったが、打ち明けるようにして話し始めた。

「ヒデキは知らんかもしれんけど、うちの近くで、変な神様が出るようになったって話があるんだわ――」

その神様は悪霊ではあるが、名前はない。そもそも言い伝えられている神様の姿には当てはまらない。

「俺は仮に肉丸って呼んでるんだけど、そんな名前を付けること自体が、本当は良くないとは思うんだよ」

肉丸は、人間を三、四人手で掴んで、おにぎりでも握るようにぐちゃぐちゃに捏《こ》ねて丸めたような姿をしており、そこから細い手足が出ているらしい。

それが人の後ろに立っているのが見えることがある。するとその人は、大きな金銭トラブルに巻き込まれたり、暴力沙汰を起こしたりする。それこそ家同士を巻き込んだ喧嘩になったり、人の命が失われるような事態になる――。

ここまで聞いて、秀子さんは、同じ話を最近どこかで聞いたと気が付いた。

背中から毛がそそけ立つような感覚。

そうだ。鴨山さんの話だ。

彼女の話は熊本ではない。都内——池袋での話だ。

「従兄弟の話では、知り合いの神主の間で、いるよね、いるよねって、何度も噂になっていたらしいんですよ。熊本だけじゃなくて大分でも。あと博多のほうでも出たって話を聞いたって。それで俺が、その肉丸がどうしたのって聞いたら、兄ちゃん黙っちゃってね」

ヒデさんには、何故急にそんな話を始めたのかが理解できなかった。

だが、単に怖がらせようとしているのではないだろう。お互いそんな年齢でもない。

ようやく口を開いた従兄弟は、ヒデさんのことを見つめて、真剣な顔で言った。

「お前、気を付けろよ。東京とか横浜とかは、九州よりもはるかに大きい肉丸が、何体もうろうろしてる。本当に気を付けろよ。目を付けられたら、あっという間に巻き込まれるからな——」

ヒデさんの話はここまでだった。

「俺も遠い九州の話だと思っていたんですよ。でもそうじゃなかった。そんな奴がうろついてるのかよってゾッとしたんです」

従兄弟にどうすればいいかって訊ねても、答えてくれなかったらしい。きっと彼にも対処法が分からなかったのだ。

「こんな話でよかったですか」

真偽も分からないような話ですいませんと、ヒデさんは頭を下げた。その姿に話を聞かせてもらった秀子さんのほうが恐縮してしまった。

彼女は、一瞬迷ったが、伝えておくことにした。

「あの。その話、本当だと思います。友人も同じものを見たって言ってましたから」

その言葉に、ヒデさんの笑顔が少し歪んだ。

「怖いですね。実はうちの店のお客さんにもいるんです。肉丸に憑かれちゃってる人——」


鴨山さんに次に会えたのは、それから二カ月ほど空いてからのことだった。

お互いに忙しくて、機会が持てなかったのだ。

「秀子さんに伝えないといけないことがあって、もっと早く会いたかったんですよ」

鴨山さんはそう言ったが、秀子さんも同じだった。体験談が繋がったこと、つまり近い体験が他の人の身にも起きたということを早く伝えたかったのだ。

しかし、彼女がそれを伝える前に、鴨山さんは厳しい顔をして言った。

「秀子さん、ぐちゃぐちゃの人の話、追いかけるのやめたほうがいいよ」

出鼻を挫《くじ》かれた形だ。

鴨山さんは、先日の休みに祖母に会いに行って聞いたのだけど——と、その理由を教えてくれた。

祖母は、鴨山さんよりも〈強い〉のだという。その祖母から、あの人と人を混ぜたような肉団子には関わらないほうが良いと強く窘められたのだと、鴨山さんは言った。

祖母には、鴨山さんが言い出すよりも前に分かっていたらしい。

あれの正体を訊ねる彼女に、祖母は、まだ人間には祓えないものだと説明した。

「あのね、秀子さん。私が怖いのは、おばあちゃんが、その肉団子みたいなものは、あと十年、二十年で、こちら側に強く干渉してくるって話してたことなの。おばあちゃんに何が見えてるか分からないけど、こちら側とあちら側の境目のバランスが崩れているんだって」

鴨山さんには、今後、色々と良くないことが起きると繰り返された。

秀子さんにはその真偽はよく分からない。ただ、肉団子——肉丸のことは、今後も気を付けながら話を集めるつもりだという。

大掃除

「先生に関しては、再取材等は不可ですし、場所も教える訳にはいきません」

出鼻を挫くようにきっぱりと告げて、とある工務店に勤める田中と名乗る男性は語り始めた。この先生とは、設計事務所の設計士であるとともに、目に見えないモノを操る人物だという。


東北某所の神社から、先生の設計事務所に電話が入ったのは、年の瀬も推し迫った頃の話だった。田中さんも、そのときたまたま仕事の関係で、先生の事務所にいたという。

受話器からは慌てふためく声が漏れ聞こえてくる。

先生は、電話を切った後で田中さんのほうを見て口の端を上げた。

「おい、お前明日一緒に来い」

問答無用である。

翌日、東北自動車道を北上し、辿り着いたのは小さな神社だった。

「ここには役目があるんだけどな。昨日の電話では雇われ神主のバカが何かやらかしたらしい」

先生は多くを語らずに、駐車場から奥へと進んでいく。そして神社の敷地に入った瞬間に呆れたような声を上げた。

「あぁ、こりゃ駄目だ、何やらかしたんだ！」

先生は空を切る仕草をしたが、それが何を意味するのか田中さんには分からない。それはいつものことだ。

とにかく先生に関しては不思議なことは起きるものなのだ。そして起きたことを勝手に解釈すると、今度は酷い落とし穴に嵌《は》まることになる。

それもいつものことだ。

「バカ殴りにいくぞ」

先生はまっすぐ社務所へと向かった。

「お前、俺の事務所の連絡先、どうやって知った」

「宮司から、神社に何かあればここへ連絡しろと言われていましたもので」

先生は、ふうんとバカにしたような声を上げた。

「で、何で雇われ神主のお前が、上司たる宮司にまず連絡していないんだよ。何か知られたくないことがあるんだろ」

神主の男は、言い訳の間に色々と事情らしいことを話し始めたが、どうやらそれによると、年末の大掃除絡みの話らしい。

本来ならこの男自身が境内を履き清め、神事を行わねばならない。

しかし、寒いし面倒臭いしということで、地域の神社を束ねる宮司に伺いも立てずにアルバイトを雇った――そういうことらしい。

男性四人に女性二人の合計六人。それが現在、全員入院しているという。

「――お前、まだ何か隠してるだろ」

先生はそう言うと、宝物庫だよな、と怖い顔を見せた。

その一言で観念したように神主はぺらぺらと話し始めた。それによれば、大掃除も二日目までは何の問題もなかったという。

アルバイトの活躍で、宮司から伝えられていた大半の掃除は完了した。その間、本人はジャージ姿でこたつに入って過ごしていたらしい。

そして三日目に事件が起こった。

「私は、煤払いの指示を出しただけなんです」

震える唇で、神主は言った。まるで自分は悪くないとでもいう口ぶりだった。

正午に差し掛かった頃に、アルバイトの一人が救急車を呼んでくれと駆け込んできた。

話を聞くと、三人が泡を吹いて倒れたという。

掃除していて倒れるなんて、最近の若い者は何というヤワな身体かと思いながら宝物庫へと向かう。

しかし、先ほど呼びに来た一人は、明後日の方角へと駆けていく。

辿り着いた場所は、みすぼらしい倉庫だ。

ここはいけない。

ここを掃除するような指示は出していなかった。

「ここは掃除するように伝えていなかったはずだけど――」

「宝物庫の煤払いが大体終わった頃に、巫女さんが連れてきてくれたんですよ。次はこちらの清掃をお願いしますって」

確かに倉庫の奥で、男性二人と、女性一人が床に倒れ込んでいる。

倒れた理由は正確には分からない。分からないが、顔色からも三人が尋常ではない状態であることが伝わってくる。

――どうする。

救急車を呼べば、何か起きたと宮司に伝わるのではないか。

ここは宮司と一緒でないと入ってはいけないとされている場所だ。

しかし、人が倒れているのを放ってはおけない。

結局、救急車を呼び、三人は病院へ緊急搬送された。

果たして雇ったアルバイトが体調を崩した場合、どうすればいいのか。

迷った神主は、三人の親元に連絡を入れ、念のために病院で診断を受けてもらうことにした、と言い訳を伝えた。

そして残りの三人には、翌日にも仕事があるから顔を出すようにと告げた。

しかし、次の日には、その三人も境内で泡を吹いて倒れているところを氏子に見つかり、すぐに病院へ送られたという。


「――お前、本当にバカだろ。もう病院から宮司に連絡が行ってんだよ。六人とも意識は回復していない。おっつけ顔を見せるから覚悟しとけ」

「でも、私じゃなくて、巫女が悪いんです。鍵を持ち出した巫女姿の女が。警察に言いましょう。私は悪くない！」

「お前が悪いんだよ。まずこの神社に巫女はいないだろ」

「姿を見たってアルバイトが言ってたんです。だから警察！」

「警察じゃ手に負えねぇから俺が来てるって言ってんだよ」

先生がイライラしているのが伝わってくる。

「こういうときに何とかしてくれるのがあなたの仕事なんでしょう！　私に落ち度がなかったって、それを言って下さらないと困ります！」

――ああ、この人は神職に就いてはいけない人なんだ。

横でやりとりを見ていた田中さんはそう思った。

普段からサボり癖と自己弁護が白地の狩衣を纏っているような人物なのだろう。

「あの倉庫は、私も許可なく入れないんです。そんな場所に鍵を盗み出してアルバイトを連れ回すなんて！」

「それをさせないのがお前の仕事だったんじゃないのかよ」

もう先生はこの男と関わりたくないようだ。

「田中。ちょっと、その倉庫とやらを見に行こう」

先生は、まだ何かキイキイ言っている神主を尻目に、敷地を横切っていく。

「そこはな、本来なら封印を施して、何重にも結界を張っているところなんだ。忌み物や呪物を収めている倉庫だからな。今回のは、きっとその中の何かを狙ってのことだろう」

「それじゃ、鍵を開けたっていう巫女さんは——」

「バカ。そんな巫女さんが現実にいるはずないだろ。巫女さんがいるって思わされてんだよ。鍵はそいつが開けたと、後から思い出すよう仕組まれてんだ」

ほったて小屋のような倉庫の前に立った先生は感心したように言った。

「封印は破られてるな。こりゃ大陸のやり方か——」

先生は田中さんのほうを振り返って、ニヤニヤと笑みを浮かべた。

「お前中に入ってみるか？」

これは入れ、という意味だということは、長年の付き合いで分かっている。逆らっても無駄なのだ。

「——中に何があるんですか」

「ここに収められているのは忌み物が多い——まぁ、欲しがる好事家も多いだろうな。そういうのを見ておくのも勉強だぜ。ん？」

先生は何かの気配を察知したらしく、視線を脇に向けた。釣られて田中さんも振り返った。

すると、そこに緋袴の巫女さんが立っていた。

そうか。お前か——。

先生はそう呟くと、巫女さんを睨んだ。

「お前が中から出てきた奴だな、何をやったんだ、想像は付くがな――」

巫女は嫌な笑みを浮かべていたが、先生の言葉を聞いた直後に姿を消した。

「あれは、何かの化生でしょうか」

すると先生は、もっと複雑なものだ、と言って黙ってしまった。


二十分ほどして、宮司がやってきた。

彼は頭を深く下げると、病院から先ほど連絡が来たと述べた。病院へ運ばれたアルバイト達は、六人が六人とも意識が回復せず、そのままの状況だという。

「ああ。回復するか運不運だな」

バカがバカなことしやがるから、人が余計死ぬ。

倉庫の再封印を行うことは確定したが、あの巫女はもう外に出てしまったため、封印された訳ではなさそうだ。

先生は帰りの車の中で、料金に入っていないからなと嘯《うそぶ》いていたが、これが次の厄介ごとを連れてこなければ良いのだがと、今も少し心に留めているようだ。

結局、アルバイト達の意識は戻らず、二年目の年末に全員が亡くなった。

その知らせを受けた先生は小さく舌打ちをした。

「――時間差で魂の刈り取りをされたんだ。確か呪物の中に鏡があったから、あの巫女の正体は、そいつかもしれん」

もみの木

直子さんは当時中学三年生だった。

受験を控えた夏休みのある日、友人のサトシから、気晴らしに皆で家へ遊びに来ないかと誘われた。

彼の両親はとても厳しく怖い人だったので、普段なら友人達もその誘いには乗らないのだが、このときは両親が旅行中で留守とのことだった。そこで、直子さんの他に、ヨウコとミツルの三人で、サトシの家に遊びにいく約束をした。

サトシの家は、代々工務店を営んでおり、裕福な暮らしぶりということは分かっていたが、訪れてみると想像以上に立派なお屋敷で、皆の目が丸くなるほどだった。

門を入ると大きな庭が広がり、庭木も綺麗に手入れされている。花壇には沢山の花々が綺麗に咲いている。これだけのものを維持するのに掛かる手間はただごとではない。

直子さんが視線を巡らしていると、庭の奥にある背の高いもみの木が目に留まった。

側から様子を見ていたサトシが近寄ってきて、ニヤニヤした顔で耳打ちした。

「あのもみの木か。あれ呪われてるんだぜ」

「何ふざけたこと言ってるのよ」

自分の家の敷地にある木を呪われているとは尋常ではない。ただの冗談に決まっている。笑い返しながら、皆で玄関に誘導されていく。

玄関だけでも大理石づくりで六畳はあった。

サトシの部屋は階段を上がって廊下の突き当たりの十二畳の部屋だという。

広い部屋に通され、皆は口々に羨望の声を上げた。

サトシは飲み物を取ってくると、部屋を出ていった。

皆で家も部屋も広すぎて落ち着かないと笑い合った。

窓から先刻のもみの木が見える。直子さんは窓際へ移動し、木を眺めていた。

お菓子とジュースとお茶を抱えて戻ってきたサトシが直子さんを呼んだ。

「お前、あのもみの木が気になるみたいね。あの木好きなの」

「別に。何となく見てるだけ。一般家庭にもみの木がある家って珍しいんじゃない。しかもあんなに立派な木」

「確かにそうかもな。あれ俺が産まれる前からあるらしいんだけど、ガキの頃にあの木に登ろうとしたら、親父にスゲー怒られたんだよ」

ふうん。

直子さんも床に座り、お菓子と飲み物を口に運んだ。

「そのときは特に考えもしなかったんだけど、お前ももう中学生だから理解できるだろうから話しとくって、中一のときに親父が言い出したんだ――」


何でも、あのもみの木は御先祖様の代からあるらしくて、粗末にすると家が衰退してしまうらしいんだ。だから、両親が亡くなった後も大切に手入れをしてくれって言われてね。そんなのただの迷信だろ。ただのもみの木じゃねぇかよって言うと、親父が凄い怒っちゃってね。親の話はちゃんと聞け！　とか怒鳴るんだよ。

俺も頭に来たからさ。だったら何であんな木をそこまで大切にしなきゃなんねぇのか、ちゃんと答えろよって言い返したんだ。

そうしたら親父が渋々話し始めてさ。いつ頃の先祖なのかは、もう分からないらしいけど、先祖代々の言い伝えでは、家業が傾いて、もう看板を下ろさねばやっていけないというときに〈もみの木に赤子を捧げよ〉と夢にお告げがあったらしいんだ。お家繁栄のためにはやむを得ないと、あのもみの木の下に人柱として赤子を埋めたんだそうだ。

親父が思い詰めたような顔してね。確かに迷信かもしれない。だが今までそうやって、あの木を大切にしてきたお陰で家も繁栄し続けているのだから、お前の代になってもちゃんと面倒を見てくれって、それだけ言って部屋から出てったんだ――。


話を聞いていた全員が、しんと黙ったままだった。

その空気を破ろうとしてか、サトシは声を上げて笑った。

「まさか、今時人柱とかありえねぇだろって俺は思ってるけどな」

「だからさっき、呪われたもみの木だって言ったんだ」

直子さんがそう訊くと、サトシは笑い飛ばすように答えた。

「あれは冗談だよ。俺は親父の話信じてないし」

それでも友人達は暫くの間、黙ったままだった。

サトシがその場を和ますかのように振る舞ったこともあり、少し経つと場は和やかなものとなった。

その後はいつも通り、笑い話に花が咲いた。

時間を忘れて話をしていると、もう夕方になっていた。

名残惜しかったが、皆それぞれ家路に就いた。

それから直子さんがサトシの家に行く機会は二度となかったが、高校、大学、社会人と、大人になっても仲間の付き合いは続いた。

サトシは三十歳で家業を継ぎ、工務店の社長になった。

皆が四十歳を迎えたある日、久しぶりに皆で御飯でも食べようという話になった。

ファミレスでそれぞれ近況報告をしていると、今まで黙っていたサトシが重い口を開いた。

ここ暫く酷かったが、この一年は特に暗澹《あんたん》たる状況だったという。

父親が亡くなり、続いて母親が認知症を発症したこと。今は介護が大変だということ。

父親が亡くなって以降、仕事も右肩下がりになり、このままでは近いうちに立ち行かなくなるであろうこと。

「この時期に一気に来たみたいでさ。もう何やっても裏目なんだよ——」

皆の中では、裕福な家のボンボンで、何一つ苦労することがないだろうと思っていたサトシがそんな状況だったということに、掛ける声が見つからない様子だった。

そのとき、直子さんはあの〈もみの木〉を思い出した。

「ねぇサトシ、まさかとは思うけど、あのもみの木に何かしてないよね」

サトシは驚いた表情で彼女を見た。

「——やっぱりお前にはバレるか。実はずっと手入れもしないで放っておいたら、枯れ始めたんだ。だから一年ちょっと前に切り倒して、根っこからひっこ抜いたんだよ」

当たり前だけど赤ん坊の骨なんて出てこなかったよと笑うサトシに、直子さんは大声を上げた。

「そういう問題じゃないのよ！」

どこから湧いてくるのか、怒りの感情が込み上げてくる。

友人も店員も直子さんのことをなだめようと声を掛けてきた。

しかし、怒りは治まらない。最後はぼろぼろと涙を流しながら怒った。


それ以降、サトシの家業は急激に傾き、大きな家も売りに出したという。

認知症の母親と一緒に住める２ＬＤＫのマンションを買い、完全に廃業して、現在は貯金を切り崩しながら細々と暮らしている。

随分経ってから、直子さんはサトシと二人だけで会ったことがある。

彼はいつになく神妙な面持ちで、話を聞いてくれ、聞いてくれるだけでいいのだと言った。

以前よりも痩せてしまった彼は、もみの木のことなんだと切り出した。

あのもみの木には、やはり何か意味があったのかもしれない。

彼はそう語った。

切り倒してから一気に色んなことが起きたことは偶然かもしれないけれど、やっぱり、あのもみの木は、呪いのもみの木だったんだよ。

サトシは、どうすればいいのか分かんないんだよと弱音を吐いた。

「実はおふくろが毎日毎日、私を生きたままもみの木の下に埋めてくれって頼んでくるんだよ。もうあの木はないよって言っても分からないみたいでさ。もう十年間、ずっと同じことを言い続けてるんだよ。もう俺のほうが気が狂いそうなんだ——」

そう言って、彼はハンカチで目頭を押さえた。

直子さんは、掛ける言葉が見つからなかった。

あれから随分時が経ったが、今なおサトシは、あの木の呪いに苦しんでいる。

女郎長屋

黒崎さんという女性は、子供の頃に関西に住んでいた。

その頃に、不思議な記憶が色々あるという。

「今は関東に住んでいますが、昔は関西で大きめの日本家屋に住んでいたんです。もちろん借家ですけどね。その家に住んでいたときに、何度も不思議なことが起きて、今でも色々覚えています」

彼女はそう前置きして、当時住んでいた家にまつわる体験談を教えてくれた。


――私が小学二年か三年生のときのことです。確か、季節は春頃だったと思います。

当時私は、祖母、私、母と、三人で一階の部屋に寝ていました。それは私がよく愚図る子だったからじゃないかと思います。そうそう。猫も毎晩私の布団の中で寝ていました。

ある日から、急に夜中にパチッと目が覚めるようになったんです。それから目が冴えて寝られません。祖母も母も横でぐっすり寝ています。

しんとしていて真っ暗ですから、私は怖くてべそをかきそうになりながら、頭から布団を被って寝直します。

このパチッと目が覚めるようになってから、布団を被っていると下駄の音が聞こえてくるんですよ。夜中です。もちろん。カランコロンとゆっくり歩くような音。でも割と軽い音だったから、当時は、男性とは思わずに女の人だって、何故か思っていました。

最初は全然怖くなかったんです。でも考えてみればおかしいですよね。部屋は窓には面していない、奥まった場所にありました。和風建築の家です。ガラス戸を経て廊下。両隣との境に襖があるような造りの部屋でした。部屋の広さは、東京の和室だと十畳とかになるかもしれません。関西なので、畳一枚が大きい京間造りの部屋です。

夜中に目が覚める日々が続いたのですが、毎晩下駄の音は聞こえます。不思議と最初のうちは怖くなかったんです。

でもおかしいですよね。窓に面した部屋でもないのに、そんな音が聞こえるなんて。

でも聞こえるんですよ。

毎晩耳にしているうち、どうやら外から聞こえてきていることや、いつも同じ方向に歩いていくのが分かってきました。

それで、ふと気が付くと、日増しにその下駄の音が大きくなっていたんです。子供心にも、こっちに近づいてきているのかなって思うじゃないですか。

流石に五日くらい経つと凄く近くなってきたのが分かります。もう怖くて、まずは母を揺さぶったんです。

お母さん、お母さんと、もう半泣きです。子供ながらに力を入れて母の身体が揺れるぐらい揺さぶりました。

すると、母がこちらへくるりと寝返りを打って、顔が私のほうを向いたと思うと、「女郎の下駄の音や」と一言口に出して、にやぁーって笑って寝てしまうんですよ。もう幾ら揺すっても起きません。

その日、私は心細かったけど、布団にぬいぐるみを持ってきて、猫が寝ているところまで潜って寝ました。

そして翌日の夜中は、今度は祖母を揺さぶり起こそうとしました。そうすると、母と同じ反応をするんです。

怖いけど、また一人で布団に潜り込みました。半べそくらいかいていたと思います。

これを、都合三日繰り返しました。なので、母、祖母、母と揺さぶったんです。

流石に私も腹を立てました。四日目の夕方、夕飯の前に、祖母と母に夜中のことを詰め寄ったんです。酷いって、自分がどれくらい怖い思いをしたかって。でも、二人は首を傾げていました。何故か二人とも全く記憶にないんですよ。

それで、祖母がちょっと近所に訊いてこようかぁと言い出しました。

え？　何で？　となりましたが、母は頷きました。私は膨れ面で黙りました。

何か、怖い思いを分かってくれない、とか思っていたのを覚えています。


それで、近所におばあちゃんが住んでらしたんですが、そのおばあちゃんは大変御高齢で、その土地の色々と古いことを知っていらしたんです。その方が祖母に色々と話をしてくれたみたいです。

その話によると、下駄の足音が歩いていく道の出発点は分かると。実はその辺りは戦前に、色町とまでは大きなところではないんですが、長屋を構えてお女郎さんがいた場所があったそうです。そういう商売をされていた家があった、との話でした。

おばあちゃんの話では、そこに苦しんで亡くなった女郎さんがいたそうです。

血を吐くほど弱っていたらしんですが、隔離だけされて満足に治療をしてもらえず、気分が良いときには気に入った下駄を履いて少し散歩に出る。最期はそんな形だったみたいです。

そんな感じで祖母が話を突き止めたというか、私の聞いた下駄の音と、祖母、母の反応でね。これで辻褄があったねと、そんな話にはなったんですが、これ、何も解決していませんよね。

夜が来たら、寝ないといけません。また女三人で布団を並べて寝ることになるんですが、その日の夜も案の定、夜中に目が覚めました。

先ほどお話ししましたが、下駄の音が大きくなっていたんです。それがですね、その日は、玄関の引き戸を開ける音が聞こえたんです！

引き戸を開けると、土間というか、一部屋土足で入れる応接室があったんです。それを越えると廊下。その日はその廊下を誰かが歩いたんですよ！　しかも、下駄ではないんです。何ていうんでしょう。下駄を脱いで歩く、衣擦れみたいな音。それから、下駄を手に持っているのか、時々カンカンって音もしました。拍子木のような。下駄同士が当たっていたのでしょうか。

それで、私達が寝ている部屋の横を通るんですが、もうね、怖いなんてもんじゃなくてですね。震え上がって頭から布団を被ってました。

その足音なんですが、廊下をまっすぐに歩いていきました。突き当たりは台所なのですが、その台所を突き抜けるというか、廊下、台所、また、その先へ。そんな感じに遠ざかっていきました。今から考えてみれば、外の道を歩いているときと逆方向に行ったので、元の場所に帰っていった感じでした。

そして、次の日です。もうここまで、お約束みたいに来られると、目がパチッと覚めた瞬間から、心臓バクバクで緊張してしまっています。音が始まると、すぐに頭から布団を被ってしまいました。それで、廊下を歩くところまでは前日と一緒だったんですが、部屋の横で一度、ピタッと足音が止まったんです。もう、私はビクビクです。そして暫くして歩き出したんですが、何と隣の部屋で足音がし始めたんですよ。歩き回っている音がすぐ横の部屋から聞こえてくるんです。

暫く歩き回ると、私達が寝ている部屋の襖が、片方ゆっくりと開きました。すすすって音がしたんですよ。

あ、開いた！　って思って身体を固くして、息を潜めました。

でも、好奇心もあったので、布団の隙間から外を覗いたんです。そうしたら女性の足がありました。和服です。長襦袢《じゅばん》なのか、着物なのか、とにかく、裾も見えました。

このとき、ひぃ！　って声が出たか、出そうになりました。ここらへんははっきりとは覚えてないのですが、声が出てしまって、すぐに口を両手で押さえたんだと思います。本当に怖いと、泣くとかできないんですね。

そして、その足は、三人の真ん中に寝ている私のほうへ数歩進むと、隣に寝ている母のところに行きました。

その後、歩く音が止まって、衣擦れというんですかね。何か動作を変えたような感じなんだと思います。音が聞こえました。

それから、声が聞こえたんです。

最初、声が聞こえたと思ったときには、優しそうでうつろな、そんな感じに聞こえたんですが、衣擦れの音が何度かして、言葉も一言ではなくて、ゆっくり、途切れ途切れに聞こえてたのですけど。

急に、はっきりと、「私の赤ちゃんを返して」って聞こえたんです。

それを何度か繰り返すと、不意に静かになりました。

気配が消えたっていうんでしょうか。

私は好奇心にかられて、静かになってから、こっそり布団を出たんです。

隣の部屋をいつも小さなオレンジの豆球にしていたので、周りは見えました。

もう、誰もいなかったし、祖母も母もぐっすり寝ていました。

直接の体験としてはここまでです。でも後日談というか、ちょっと気の毒な話があります。

戦前その長屋で、色商売をしていたというお家なんですが、何か、その家系では、病気で亡くなる人や自殺をする人が殆どで、健康に恵まれることがないそうなんです。

特に男性は四十代まで生きられたら長生きっていう感じだと、御近所でも噂されていましたね。

私が子供の頃に、息子さんが御病気で亡くなったそうよ、と聞きました。

見知った人でした。多分当時二十代の人です。

もっと後に、もう一人の息子さんも自殺されています。

あと、色々と近所の方から教えていただいたのは、女郎さんの命日です。下駄の音が聞こえなくなったのは、「私の赤ちゃんを返して」って母に話し掛けた次の日からですけども、命日は、部屋をうろついて私達の寝ている部屋に来て、母に囁《ささや》いた日です。

何で、そんな女郎さんの命日が分かるかというとですね、そのお家は、自分達が祟られていると思い込んでいたみたいです。昔の自分の家の商売が悪いから、人が死ぬんだって。だから、凄く何度もお祓いしたり、お祀りしたりしていたみたいです。

この下駄の人のことは、特に語り継がれていたみたいでした。

でも、そのお家の家計は、駐車場とアパートの家賃だったんですが、駐車場が長屋跡地だったんですよ。

その駐車場で、もう一人の息子さんも首を括ってしまって。近所で暫く噂話になっていました。

それで、私が大人になる頃には、そのお家の方は、おばさん一人だけになっていて。車椅子の生活をされていました。大きな岩が乗っているみたいに、凄く重い感じがする人でした。笑い顔を見た記憶もありません。

今はもうその家は絶えてしまって、跡形もありません。

私の一連の話は以上となります――。

ねじりんぼう

「中野？　あいつと付き合っていたら、ろくなことないぞ」

そのとき、狸小路さんは、先輩の中野という男性を探していた。彼に貸していた金が必要だったからだ。

返済期限もちゃんと切って、念書も書かせた。しかし、本人が行方不明になってしまっては取り立てようがない。彼の交友関係を散々訊ね歩いて、もう何週間か経っている。

だがその間、彼の悪評は耳にしても、今の所在にまでは辿り着けなかった。


——中野、あの馬鹿野郎。

彼が元からアブノーマルな変態ということは、近隣でよく知られていた。ただ、そこまで救いようのない馬鹿ではなかったはずだ。

大学も出ているという。出身のこの町に戻ってきてから、ずっとフリーター生活を送っていたが、あるときから何を患ったのか、仕事らしい仕事ができなくなったと聞く。

バイトでも新しい仕事を覚えられず、何を喋っているか要領を得ない。更に他人を不愉快にさせる発言を繰り返す。

だからすぐに解雇される。最近は、殆どホームレス同然の生活をしていたようだ。

商店街を、一日中ふらふら歩き、汚い形《なり》でバス停のベンチに数時間座っている――。

警察にも苦情の電話があったらしい。

ただ、今はその姿はない。


場末の店で飲んでいると、知り合いの渡辺がたまたま顔を見せた。彼にも中野の行方を訊ねたが、正確な居場所は分からないという。ただ、どうして彼が急に人が変わったかについては、多少心当たりがあるようだった。

「あれだろ。中野が京都で騒ぎ起こした話だろ。祟り話じゃねぇかって噂だぞ」

「祟り話？」

「そうさ。あいつ最近、倉科って年下の男とやたら仲がいいのは知ってるか」

初耳だった。

「そいつと一緒に京都に行って、酷い目に遭って以来、おかしくなっちまったって話だよ。元々罰当たりな野郎だったが――」

渡辺がいうには、中野は以前から神社仏閣で立ち小便や野糞をすることに興奮を覚えるという性癖だったという。

倉科という男も一緒に同じことをしているらしい。

罰当たりもいいところだ。ろくなものではない。

「吐き気がするような野郎どもなんだが、それがこの夏の盆休みに、何故か京都旅行に行って、大地震に遭ったたって言いふらしてたんだ」

京都に大地震があったとは初耳だ。そう告げると、渡辺は笑い出した。

「ないない。地震なんてない。あいつらが馬鹿なことやったから祟られたんだ」

祟りなんてあるかよと狸小路さんが気色ばむと、彼は京都で二人が何をやらかしたのかを教えてくれた。


お盆休みに、中野と倉科は、二泊三日の予定で京都へ旅行に出かけた。

市内観光を終え、ホテルにチェックインしてから、夜になって再び町に出かけた。目的はホテルの目の前にある神社だった。

理由は、二人の性癖にあった。二人はその本社の裏で、盛大にやらかした。

神社で堪能し切った後に、ビジネスホテルで休んでいると、深夜二時頃に七階の部屋が大きく揺れた。

寝ていた二人は驚いて飛び起きた。しかし、揺れが強烈すぎて立っていられない。ついにはベッドから転がり落ちた。再度立ち上がろうにも揺れが大きくて、立ち上がれなかったという。

どれくらい揺れていたかは分からない。揺れが収まった直後に、二人はホテルのフロントに地震の確認をした。しかし、地震は起きていませんと言われてしまった。寝ぼけていたのではないかと笑われた——中野はそう言っていたらしいが、それがどこまで真実かは分からない。

逆上した二人は、六階七階八階の部屋という部屋のドアを叩き、旅行者やビジネスマンに地震があったか確認して回った。

全員に地震はなかったと言われたが、そんなはずはないと罵りあう事態になった。

結果的に、フロントに入った苦情から夜中の二時にホテルを叩き出された。

「ま、ホテルを追い出された後は野宿だわな。次の日、ホテルに泊まろうとしても、他のホテルとも連絡を取り合っているから、宿泊拒否だ。神社で罰当たりなことをするから、そんな目に遭うんだ」

「何でその二人は、神社でそんなことするようになったんだ」

「分からん。ただ、女絡みで呪いを受けたらしいよ」

「祟りだの呪いだの。そんなことありっこないだろ！」

狸小路さんは、実際に見てみない限り信じられないと続けた。

渡辺はまぁ、落ち着けよと笑った。

「だから、本物かどうかなんて分かりゃしねぇのよ。でもあいつらが、周りから祟られたとか、呪われたって言われてんのは確かなんだよ」

「しかし、そんなバチが当たることするか」

「呪いの儀式をした後から、神社の境内で小便と脱糞をすることを日課にし始めたってのには目撃者もいてな――」

どちらにしても、中野から金を返してもらうのは難しそうだ。

金策に走らねばならないか。

そう呟くと、渡辺は、中野は捕まらないかもしれないが、倉科なら見つけられるかもしれないぞと言った。

渡辺に教えられたのは、〈倉科なら港の廃ビルでよく見かける〉という話だった。

この男が街にいつ現れたか、もうよく分からない。気が付いたら中野とつるんで、やんちゃなことを繰り返していたらしい。

ただ元々精神に失調があるようで、京都から帰ってきて以降は、廃人のようになっているという。

「あんたが倉科さんだね」

かつては魚河岸の一部だったが、今は廃ビルになっている建物の前に、小さくうずくまっている男性がいた。

彼は、狸小路さんの問いには答えず、何かをずっと呟いている。

「横、座らせてもらうよ」

何を呟いているのか、聞き耳を立てると、どうやら一人の女性のことを、ずっと喋っているようだ。

渡辺の話と一致するな——。

その相手の女性には毛嫌いされていたが、中野と倉科の二人で彼女の家の周りを徘徊して回り、性的な乱暴にも及んだらしい。

それを恨んだ女性とその肉親は、二人に呪いをかけてくれと、その筋に依頼した。

そんな経緯だったという。

「倉科さん、あんた、中野のこと知らないかい」

最後に彼が目撃されたのは、何駅か離れた町で、若い男性とトラブルを起こしているところだったという。その場には倉科の姿もあったという話だ。


「おい、喋れよ。喋らないとどうなるか分かってんだろ」

ドスの利いた声を上げると、倉科はふらりと立ち上がり、観念したような表情を見せた。

「か、か、か、神様に、ね、ね、ねじ、ねじ、捻られて――」

倉科は苦しそうに全身をよじった。手と足、首と胴が、おかしな方向を向いている。

ぎしぎしと骨と肉が軋《きし》む音が届く。

「分かった。もう言わないでいい」

狸小路さんがそう告げると、彼はどさりと音を立てて地面に転がった。

穴とアパート

「俺もオヤジの話を聞いただけだから、大まかな場所しか分からないんだけどな」

既に解散した組《ヤクザ》の組長が、生前話していたことだという。

井田さんは組が解散したときに足を洗い、今はカタギで釣りを趣味としている。

彼によると、とある私鉄の線路沿いに、組長が死体を埋めた土地があるというのだ。


戦後、まだ十年ほどしか経っていない頃の話だというから、大分古い話になる。

日本中どこでもそうだったが、当時まだ機械化されていない農業では、馬や牛などの家畜が労働力として重宝されていた。畑を起こすにも、ものを運ぶにも、人の手よりも獣を使ったほうが効率的だ。

だが、家畜は生き物であり、生き物は必ず死ぬ。それは老衰ということもあれば、何か事故があって動けなくなるケースもある。食肉として処理することもあるが、病気だった場合には、そういう訳にもいかない。

その近辺では、農地の一角に、直径三メートルほどの深い穴を掘って、そこに死んだ家畜を埋めていた。

深い穴の底に死んだ家畜を放り入れ、上から石灰を撒いて土で埋める。

何重にも折り重なった家畜の死骸が穴の底に横たわることになる。

底までの深さが浅くなってきたら、上から土を盛ってしまう。

現在では廃棄物処理法違反になるような行為であるが、当時はそれがまかり通っていたのだ。

当時、近隣の農家にその穴を提供していたのは、地主をしていた長谷川家であった。


長谷川家当主の公彦は、地元で大変な女好きとして知られていた。

結婚して一人息子もいたが、女遊びがやめられない。あちらの商売女、こちらの未亡人、そちらの主婦と、手当たり次第に手を出す。

愛人宅に入り浸って、何日も家に戻らない。

その間の家の仕事は、全て妻の百合子に任せきりである。

彼女は夫のその仕打ちに耐え続けていた。

だが、浮気相手が家の敷居を跨いでこないのであれば、それは男の甲斐性の範囲として黙っておこう。彼女はそう考えていた節がある。

だが、公彦はある夜、その一線を越えた。

虎雄の元に百合子が顔を出したのは、晩秋の寒い夜だった。

狭くて裕福とはいえない地域だが、そんな町にも〈組〉はある。小さくはあるが、地元では祭りを仕切り、夜の町のトラブルを治める強面《こわもて》の便利屋だ。

人と人とが抱える様々な問題を解決していくのが任侠《にんきょう》だ。

虎雄はその組を率いており、地主の長谷川家とも懇意の関係だった。地元でうまくやっていくには、地主との付き合いは欠かせない。

「どうかしましたか」

ただごとではない様子は見れば分かる。ひとまず落ち着かせて話を訊くと、どうやら公彦が浮気相手を家に連れ込んだということらしい。

そして情事の現場に鉢合わせた百合子は、その浮気相手と公彦を刺した。

「二人とも血を沢山流して死にました」

彼女は、死体の処理をどうすれば良いのかを相談しに訪れたのだ。

虎雄は暫く黙った。

「お手はお貸しできますが、今後とも懇意にどうぞよろしくお願いします」

百合子も頭を下げた。

覚悟は決まっているようだった。


公彦の浮気相手は最近流れてきた若い商売女で、世話をしている店も虎雄の息が掛かっていた。万事都合が良かった。

二人の遺体から服を剥ぎ、夜の闇に乗じて運び出す。

向かうは家畜を捨てる穴だ。その穴も長谷川家の敷地内で誰かが目撃する心配もほぼなかった。

夜中に忌み穴に近づこうという者などいないのだ。

遺体を放り込み、石灰をたっぷり上から掛けて土で埋めた。

「あとは旦那と浮気相手が手に手を取って、失踪したってことにしちまえばいいでしょう。警察が調べるでしょうから、うちの若い者に目撃証言させますよ」

監視カメラなどない時代の話である。逃げた男女の足取りを追うのは、目撃証言が中心だった。

「あとは、仕上げに次の穴を掘って、前の穴を平たく埋めちまえばいい」

虎雄の案に、百合子は従うしかなかった。

後日、百合子は虎雄の愛人となり尻の穴まで舐める色狂いにされた。土地家屋はその後、虎雄の組に乗っ取られることになるのだが、それはこの話の大筋とは関係ない。


アパートを建てるという話が出たのは、それから半年と経たない頃だった。

基礎をコンクリートで固め、学生向けの二階建てのアパートを建てる。近隣の大学が定員を増やすという話を当て込んでの計画である。問題は場所だ。

例の穴の跡である。

警察は失踪事件として捜査を開始していたが、成果は上がらないようだった。

春になる前に二階建て六部屋のアパートが完成し、学生が入居した。

だが、それから半年と経たずに、一階の一番奥の部屋の住人が〈大家さんに相談がある〉と言い出した。

「103号室の者なのですが、こんなことを言うのも変な気もするのですが、この部屋は過去に何かありましたか？」

新築のまだぴかぴかの物件である。あなたが入居第一号だと告げると、彼は実は部屋に幽霊が出るのだと打ち明けた。

幽霊は女二人で、交互に出る。

当初は週に一回ほどの割合で出ていたのだが、今となっては殆ど毎晩出るようになって、眠ることができない。

大家さんに一度確認してほしい。

そういう訴えだった。

――二人だって？

百合子は戸惑った。

女は一人ならば心当たりがある。ではもう一人の女は誰だというのか。

自分は実家に戻るから、その間に泊まりこんで確認してほしいという学生の訴えに負けて、彼女は１０３号室で生活を始めた。

幽霊が出たのは、生活を始めたその夜だった。

確かに女だ。

しかし、その容姿には見覚えがない。

幽霊は何をする訳でもない。ただぼうっと立っているだけだ。

――何故、こんな女が出る。

家畜を捨てていた穴なのだから、出るなら牛馬の霊だろう。

次の夜に出たのは、彼女に心当たりのある女だった。

「俺がオヤジに聞いた話ではな、結局旦那のほうの幽霊は出なかったそうだよ。オヤジも人が悪くてね。実は百合子から相談を持ち掛けられる前にも、ちょくちょく穴を使わせてもらっていたっていうんだよ。一つの穴に、男女合わせて四、五人は埋まってんだ。それに感づいたかオヤジが話したか。それが原因かは知らないけれど、最期はそのアパートの部屋で息子と百合子で首を吊ってね」

オヤジがうまいことやって、土地家屋は全部組のものになったんだが、今はもう何も残っちゃいないよ。

オヤジも気が触れて首を掻《か》っ捌《さば》いて死んだしね。

最後まで百合子百合子ってうるさい男だったよ——。

誰がいる

「兄貴がさ、足が動かなくなっても他で何とかしようとするから大変なんですよ」

木本さんは、久々に職場に顔を見せた洋平君から声を掛けられた。

上司から話としては聞いていたが、今は病気になったお兄さんの世話をしながら、リモートで仕事をしているという。

それは大変だなと答えると、洋平君は詳しい話を始めた。

彼には、光一さんというお兄さんと、美香さんというお姉さんがおり、この春にお兄さんのほうが脳梗塞で倒れたのだという。

幸い一命は取り留めたが、後遺症もあって一人では身の回りのこともできなくなった。

さらに、光一さんを誰が面倒を見るのかと、お姉さんと洋平君との間で世話の押し付け合いになったという。

「そりゃ兄弟といっても他人ですよ。家族を持っていれば尚更ですよね。でもうちの姉貴は酷かった。自分達夫婦の生活に、他人が入る余地はない。薄情と思ってもらってもいい。そんなことを言いやがりましてね。そんな姉を頼るのはまっぴらだったから、俺が面倒見るって啖呵《たんか》切ったんですよ」

今は端末と回線があれば仕事はどこでもできると家族を説得し、毎日二時間掛けてお兄さんの元に通っているという。

「往復四時間か。そりゃ馬鹿にならないな」

「大変かと聞かれれば、そりゃ大変ですけど、兄貴も突然のことで混乱してますし、やっぱり助けられるのって身内だけなんだなって痛感しました。暫くの間、木本さんにも仕事で迷惑掛けるかもしれないですけど、そんな事情なんで、すいません」

介護が大変だというのは木本さん自身にも経験があった。数年前に、老父の介護で鬱病になりかけたのだ。

「身内でやる介護は大変だからさ。くれぐれも無理するなよ」

「気を付けます。今、兄貴の金で新築の一軒家を買って、そっちに単身赴任する計画を立ててるんですよ。今よりも大分楽になります」

お兄さんは、相当貯め込んでいたらしい。即金で一軒家を買い、バリアフリーにリフォームするという話だった。

次に木本さんが洋平君と顔を合わせたのは、それから二カ月後のことだった。

「洋平君。お兄さんのほうは大丈夫なのか」

「はい。今日は介護保険の人が来てくれてるから、久々に出てこられました。やっぱり時々は一人にならないと、俺も調子が悪くなっちゃいますしね」

それはそうだろう。ずっと顔を突き合わせているというのは、身内だからこそ辛いものなのだ。

木本さんは、病気に疲れて変わってしまった父親の様子を思い出した。

洋平君も、今はお兄さんの家に住み込んで介護をしているという話だが、明らかに以前よりも窶《やつ》れている。やはり心身ともにきついのだろう。

「木本さん。病気になると、人ってのは我が儘《まま》になるんですかね。兄貴も病気する前は、あんな感じじゃなかったんですけど」

父親の様子を思い出していた木本さんは、動揺を抑えられなかった。

「――そうだな。血は繋がっているとはいえ他人は他人だから。しかも病気とあれば、心が塞ぐこともあるだろうし、癇癪《かんしゃく》を起こすこともあるよな」

余り引き摺られないようにしろよと助言してみたものの、それが難しいことも木本さんは痛感している。

――他人の言葉なんて、気休めのようなものだよな。

そこで会話が途切れるかと思ったが、洋平君は話を続けたいようだった。

「それで、最近、兄貴が変なこと言うんですよ」

二人が一緒に住んでいる家は、リフォーム済みの二階建ての一軒家だが、車椅子生活の光一さんは、一階のみを使って生活している。洋平君も同じく一階に間借りして、仕事をしながら兄の世話をしているとの話だった。

ただ、入居当初から洋平君が戸惑っているのは、光一さんが一日に何度も二階に誰かがいると繰り返すことだという。


「今も音がしたから、ちょっと二階を見てきてくれ。車椅子で階段は無理だからな」

病気に対する不安が幻聴を生んでいるのだろう。確認するだけで安心するのならと、洋平君は階段を上り、二階にある全ての部屋を一巡してから一階へと戻る。

過去に階段を上がってすぐに下りたら、相手はどこかに隠れているかもしれないから、もっとしっかり見てきてくれと念押しされたからだ。

もちろん、誰もいない。いる訳がない。

家に住んでいるのは二人きりで、訪問者も殆どいない。家に入るのも、時々来てくれる介護保険のヘルパーさんくらいだ。誰もいる訳がないのだ。

「しかしですね。こう頻繁に言われると、俺自身も、次第に二階が気味悪くなってきちまいましてね。しかも最近、兄貴が余計に気持ち悪いことを言うんです」

木本さんはその内容までには興味はなかった。だが、今は話を聞いてあげたほうが楽になるだろう。愚痴だって何だって、他人に聞いてもらえれば少しは気が休まるはずだ。


「洋平、二階の奴、目が見えないみたいだな」

食事の最中にそんなことを言い出したのだという。そもそも二階には誰もいない。

どうしてそう思うのかと訊いてみると、兄は即答した。

「フローリングの床を、ペタペタ掌で叩く音が聞こえるからな」

「いや兄貴、俺にはそんな音は聞こえないよ」

「それがな、お前がいないときに限って聞こえるんだ。二階の奴はこっちのことがよく分かってんだよ」

そう返されると黙るしかない。


「一事が万事こんな感じでしてね。もう兄貴は本格的に心を病んできているのかもしれません。あと兄貴の希望もありまして、今住んでいる家にうちの家族も全員呼ぼうと思っているんですよ」

光一さんは、洋平さんが仕事を辞めて、介護に専念することを望んでいるという。

「そんなことして、生活は大丈夫なのか」

収入が途絶えたらどうするつもりなのか。

「生活費から何から何まで、兄貴が全部持つって言うんですよ。今まで貯めた金で十分だろうからって」

「それなら介護付きの施設に預けたほうがいいんじゃないか。君のほうが大変だろう」

「実は姉とのこともあって、それができないんですよ」

一人が病に倒れるだけで、ドミノ倒しのようにあらゆることが変わってしまう。日常というのは、思ったよりも薄い氷の上を歩いているようなものらしい。

それから暫くして、洋平君が一身上の理由で退職願を出したと聞いた。


半年後、洋平君から木本さんの元に連絡があった。

「木本さん。お時間取らせてすいませんが、少し話を聞いて下さいますか」

憔悴した声に嫌とは答えられなかった。

「実は、兄の目が見えなくなってしまいまして」

気を遣って彼の家の最寄り駅まで行くと、少し遅れて、げっそりした顔で洋平君が姿を現した。無精髭も伸びっぱなしで、以前の精悍《せいかん》なイメージとかけ離れている。

やはり施設に入れるとかプロを頼るようにと、もっと強く助言すべきだった。

予見されていたこととはいえ、後悔先に立たずだ。

彼の案内で、裏通りにある喫茶店の奥まった席に通され、木本さんはこの半年の間の洋平君の苦労を聞かされることになった。

積極的に聞きたい話ではない。しかし、相手が頼ってきて、吐き出したいのだから聞いてやるべきだろう。

ボランティアみたいなものだ。

問題は、こうやって聞かされた話をどうやって自分の中で消化して忘れていくか――。


「――聞いてますか、木本さん」

「あぁ。お兄さんが寝ている布団の回りをペタペタと掌で叩くって話だろ。それが以前言ってた、二階から聞こえてくる音そっくりだって」

「最近の兄貴は酷いもんですよ。〈奴〉とやらの笑い声や怒鳴り声も聞こえるらしくてね。お前には聞こえないのかよって詰め寄ってきて、聞こえないと答えると癇癪を起こすんですよ」

だから話を合わせて、聞こえると答える。そうすると、聞こえていないのに聞こえるような気がし始めたという。もちろん確認しに行ったところで、二階には何もない――。

「幻聴か。大変だな」

気づいているか、洋平君。君自身も大分おかしくなっているぞ。

以前、余り引き摺られないようにしろとアドバイスしたけど、覚えているか。

「うちの息子がさ、俺にいっつも言うんですよ。夜中になると変な笑い声がするって。光一おじさんが笑っているんじゃないかって。でも見に行っても、本人は寝ている」

どんな笑い声かと訊ねると、「ひひひっ、ひひひっ」という、引き攣《つ》れたような笑い声だと答えた。暫くすると、洋平君の奥さんも、同じことを言い出したらしい。

「妻は、もう出ていきたいって言ってます。あの家、何か気持ち悪いんですよ。最近の兄貴は、誰もいない部屋で、ずっと誰かと話をしてるんです」

今も出がけに声を掛けられました。洋平、あいつ腹が痛いらしいから、痛み止めを買っとけって。そのあいつってのが誰だか分からないんですよ。

一体、あいつって誰なんでしょうね。

そいつが、あの家で好き勝手やってんですかね。

最初に二階にいたのはそいつなんですかね。

俺達今も二階に住んでるんですけど、大丈夫だと思いますか。

俺、もう限界なんです。

限界なんですよ――。


感情が溢れたのか、洋平君は一気に捲し立てた。

答えられずにいると、彼は木本さんの顔をじっと見て声を潜めた。

「多分、兄貴はもうすぐ死ぬんです。きっと最期はずっと腹が痛ぇって言い続けてね。きっと〈奴〉ってのは、未来の兄貴の姿なんですよ」


それから季節が一つ過ぎた頃、洋平君は再び会社に顔を出すようになった。

社長に頼んで、無事元の部署に復帰できたのだという。

光一さんは亡くなり、今はお姉さんと財産分与で裁判になっているらしい。

「兄貴は、病院に入ってからは正気なときのほうが少なかったですよ」

ずっと腹が痛いと繰り返していたという。

――予言通りか。

「家はどうしたんだ」

「住めるような状態じゃないです」

今は家族で会社の近くに住んでいるという話だった。

淡々と答える洋平君の人相は、以前とは大きく様変わりしてしまった。目は落ち窪み、凶相が刻まれている。

「あそこは賃貸にしようかとも考えて、不動産屋にも相談したんですけどね。下見をした不動産屋が、ここは壊したほうがいいって繰り返すんで諦めました。今は姉貴が勝手に住み込んで、兄貴以上におかしくなっちまってます」

洋平君はそこで一度言葉を切り、消え入るような声で続けた。

あの物件、兄貴に勧めたのは俺なんですよ。

俺達兄弟、何でこんなことになっちまったんですかね。兄貴には、やっぱり自分の未来が見えてたってことなんですかね――。

続いている

奈々さんは高校生の頃から、バイク仲間達と付き合いがある。もうその付き合いは三十年以上になる。

彼女には四歳年上の兄がいる。彼もバイクに魅せられた一人だ。

周囲の友人達もバイク乗りばかりで仲も良かった。そのため、自然とチームで活動していた。チームには兄の友人もいれば、彼女自身の友人もいた。中にはずっと年上の人もいたが、皆気のいいバイク馬鹿達だった。

奈々さん自身はオートバイに乗ることには特に興味がなかったが、兄のバイクに二人乗りでツーリングに出かけたり、会合に顔を出しているうちに、チームのマスコットのような存在になっていた。

また、彼女のもう一つの趣味は、兄に影響を受けて始めたプラモデル作りだった。

ある日彼女は、仲間達が乗っているオートバイのプラモデルを、できる限り実車を再現して組み上げてみようと思い立った。親しくしている模型店に頼んで、メーカーのパンフレットを取り寄せてみると、各社から意外と多くのモデルが販売されていることが分かった。これなら友人達のバイクは殆ど網羅できそうだ。

まずはその店の店頭にあるプラモデルから作ることにした。だが買ってきたキットを組み立てて始めて気が付いた。ただ組むだけでは実車にそっくりとはいかないのだ。実車のほうにも友人がこだわってパーツを変更したり塗り分けたりと、様々なカスタマイズをしている。そこで週末の集会のたびに皆のバイクの写真を撮らせてもらい、それらを元にキットへ細かく修正を入れていった。特に悩ましいのは塗装だった。

しかし、特に締め切りがある訳でもない。試行錯誤しつつ、少しずつ作業を続けていくと、半年程で習作として三台が完成した。

自信作ではあったが、部屋に飾っておくにも手狭なので、完成したものから、それぞれの実車に乗っている仲間へプレゼントすることにした。

まずはその三台をボール箱に入れて集会に持っていくと、完成度が高いと友人達は驚き、とても喜んでくれた。

気を良くした彼女は、仲間の乗っている他のバイクのキットも買い込み、少しずつ組み上げていった。

そんなある日、シンジとアツシがツーリングの道中で事故を起こし、シンジは即死で、アッシは脚の骨折で入院したと、帰宅した兄が教えてくれた。兄は現場検証などで帰宅が遅れたこともあって憔悴していたが、幸い彼には何もなかったようだ。

その知らせを耳にした奈々さんは、兄が何を言っているのか理解できなかった。

先日笑顔でプラモデルを受け取ってくれたうちの二人だ。兄が酷い冗談を口にしているとしか思えなかった。そんなことを口に出す兄ではないということも分かっているのにもかかわらず。

シンジの通夜と告別式が済み、一緒に行った仲間達ととぼとぼと帰路に就いていると、そのツーリングに参加していたケンジが、事故の状況を話し始めた。

「あの事故あり得ないんだよなぁ」

「何があったの」

「あのとき、俺達は二列で走ってて、事故る少し前に信号で停まって、シンジとアッシが先頭にいたんだよ。そんで信号変わって走り出したらさ、すぐ目の前で二人のバイクが凄い勢いで跳ね上がって、二人ともハンドルから手を離しちまって、地面に叩き付けられたんだ。俺もお前の兄貴も、それを避けるのに必死でさ。正直、何が起きたのか理解できないままなんだよ」

ケンジの悔しそうな顔に、やりきれない思いが滲んでいる。

「その後で、警察が来たから、そのときの状況を説明したんだよ。警察も色々調べてくれたけど、障害物になるような物とかもなくて、お前らが危ない運転してたんだろう！　とか居丈高に言われてさぁ。マジでお巡りムカつくし、結局、あの事故のことは腑に落ちないんだよなぁ」

ケンジの言葉に兄も頷いた。

「あの態度はムカついたよなぁ。本当にあの県警最悪だぜ」

そこからは警察の対応へのぼやきが続いた。

確かに、ケンジの説明を聞く限りでは納得できないことが起きたらしい。

一方で、警察への不満を吐き続ける二人を眺めながら、奈々さんは内心、警察の調査も無視できないだろうなと考えた。

それよりも仲間を亡くしたショックのほうが大きい。バイク事故の話はよく耳にしていたけれど、仲間うちで死亡事故が起きたのは初めてだったこともある。

それから三カ月経ち、入院していたアツシも退院した。

奈々さんはその間もプラモデルを作り続けていた。手慣れてきたこともあり、この間に三台を完成させていた。

あるとき、会合に完成品を持っていくと、やはり大評判だった。

選んだモデルは単に店にあったというだけの理由だったが、何で俺のは作ってくれないんだと膨れ面を見せる仲間もいた。その一人は、彼女の恋人のトモヤだった。

だが、この六台を作ったところで、キットが再販待ちになったり、パーツが揃わないといった理由で、制作は一時中断となった。

またそれから一月程経った頃、ツーリング先の兄から電話が入った。

仲間三人が事故を起こしたので、付き添いで病院にいるという。

奈々さんは慌てて駆け付けた。ロビーで項垂《うなだ》れた兄に声を掛けると、彼は力なく首を左右に振った。

一人は奈々さんが到着する前に亡くなり、他の二人は骨折などで入院生活を余儀なくされるとのことだった。

知らせを受けた仲間達が、次々と病院に到着した。

病院の待合室で仲間達と話をしていると、今回の事故の様子が理解できた。

帰宅途中にのんびり走っていると、突然三人がスピードを上げていったらしい。

周囲も最初は三人がじゃれあって遊んでいるのだろうと思っていたが、先に急なカーブがあるのに、一切スピードを緩めない。結局曲がり切れずに三台が折り重なるようにして事故を起こしたという経緯だった。

更に遅れて到着した仲間が言うことには、現場検証の結果でもブレーキ痕がなかったため、警察も首を捻っていたらしい。

確かに奇妙な事故だ。しかし、まずは兄が無事で良かった。

もし自分がツーリングに参加していたらどうだったろうか。

自分と兄の二人が事故を起こして死んでしまったら、両親は二人とも悲しむだろう。バイクに乗ることを許したことを責めるだろう。

それは嫌だな――。

奈々さんはそう考えながら、耳に入る仲間達の話を聞き流していた。

「シンジが来るって話、あれ何なんだよ」

シンジ君。最初にプラモあげたのに、すぐに死んじゃった。凄く喜んでくれてたのに。

あれ。

唐突に心に引っ掛かる違和感。

事故を起こした五人は全員、自分がプラモデルを渡した人たちだ。

背筋に悪寒が走った。

いや、それはただの偶然かもしれない。偶然に決まっている。

でも、もし――。

偶然じゃなかったとしたら。

心の中に、もやもやとした黒いものが蟠《わだかま》る。


「ねぇ、キヨシ君！」

その場に集まっている一人に声を掛けた。キヨシはプラモデルを渡した六人のうちの一人で、未だ無事だった。

「くれぐれも事故には気を付けてね！」

突然奈々さんから声を掛けられた彼は、ドギマギしたような顔をした。

「え、何で俺？」

満更でもない顔をする彼に、事故とプラモデルの関係を説明した。

「あたし、もうバイクのプラモは作らないから。だってみんなが事故るの嫌だもの！」

しかし、仲間達は口々に、単なる偶然だと慰めてくれた。

「これからも気にしないで、俺達のバイクも作ってくれよ」

「そうだよ。皆待ってんだから気にしないでくれよ！」

病院で仲間から励まされたが、彼女はプラモデル作りを再開することができずにいた。期待を裏切るのは申し訳なかったが、季節が一つ過ぎても、なかなかキットに手が伸びなかった。後ろめたさも加わって、ここ暫く会合にも顔を出さないでいる。

彼氏であるトモヤとは一緒に行動しているが、やはり仲間と行ったツーリングの話や、これからどこに行こうという話もしづらくなっている。

バイクのことを思うと、亡くなった仲間の顔が浮かんで胸が締め付けられる。

こうなると、トモヤとも次第に疎遠になってしまいそうだった。

そんな折に、兄を通じて皆からの伝言が彼女に伝えられた。

「あいつら、本気で奈々のプラモのことを待ってるんだぜ。皆楽しみにしてるから、ゆっくりでいいから作ってやってくれよ――」

普段ならそんなことを妹に頼んだりしない兄の言葉に、彼女は今回の事故はただの偶然と、何度も自分に言い聞かせて、プラモデル作りを再開することにした。

それとともに、会合にもなるべく顔を出すことに決めた。

久しぶりに顔を出した会合で、一番嬉しそうな顔をしていたのはトモヤだった。

とはいえ、やはり事故で亡くなった仲間達のことを思い出すと、プラモデル作りに気乗りはしない。

それからは、少しずつ作っては渡しということを繰り返した。

結局それから三年間で、奈々さんが製作したプラモデルは十五台に上る。

その間にも、仲間うちでは数々の事故があったが、幸いなことに死亡事故は起きていなかった。中には彼女の兄が起こしたものもあったが、他人を巻き込んだり、大きな怪我に至るような事故はなかった。

——やっぱりただの思い込みで、死亡事故が続いたのは偶然に過ぎなかったんだ。

三年の月日の間に、事故の原因もいつしか彼女の記憶の中で曖昧になっていった。

そんなある日、奈々さんの元に、仲間が事故で命を落としたとの連絡が入った。

やはりプラモデルを渡した一人だった。

彼は走行中に、何故か前方を走るトラックにノンブレーキで衝突したらしい。

バイクは大破し、本人は病院への搬送中に息を引き取ったという。

彼女の中で、あのときの不安が再び駆け巡った。

――確認しなきゃ。

自分の作ったバイクのプラモデルを手にした仲間が大きな事故を起こす。自分に何か特殊な能力がある訳ではない。しかし、偶然にしては偏りすぎている。

彼女は、事故を起こした仲間一人一人に、事故の状況を詳しく訊いて回った。

そこには気が滅入るような一つの共通点があった。

事故を起こす前の晩、夢を見た。バイクで走っていると、その背後から、貰ったプラモデルのバイクが後を追いかけてくる。何故か言い知れぬ恐怖を感じ、必死に逃げ続けた末にコーナーで曲がり切れず、ガードレールにぶつかる直前で目が覚める。

起きると全身が汗でびっしょり濡れている。

これを事故を起こした全員が体験していた。

そして、事故を起こしてない仲間の間にも、奇妙な話が広がっていた。

曰く、仲間の一人がプラモのバイクに跨って部屋を走り回る。

曰く、貰ったプラモのバイクが棚から落ちてきて額に三針縫う怪我をした。

全然知らなかった。

兄は噂は知っていたけれど、黙っていてくれたらしい。

仲間も気を遣ってくれていたのは確かなようだ。

一体何で自分がこんなことに巻き込まれているのか、全く理由が分からない。言い知れぬ恐怖が襲ってきた。

ただ、何かの依代《よりしろ》のようなものを作ってしまったのは確かなようだった。

——責任を取らないと。

仲間に渡したプラモデルを、全て回収して、何とかしなくては。

お寺だろうか。神社だろうか。

プラモデルを渡した仲間達に相談すると、彼らは文句の一つも言わずに返してくれた。

しかし、最後の一台がなかなか回収できなかった。

その一台の持ち主はトモヤだった。

奈々さんよりも二歳年上の彼は大学生で、二月の試験休みから新年度が始まるまで、例年スキー場のアルバイトで雪山に籠もってしまう。その間は連絡も取れない。

最後の一台が回収できなかったのは、彼がもう間もなく冬山から帰ってくるという時期だったからだ。

例年通りなら、四月になって東京へ帰ってきたら、すぐに連絡が入る。しかしその春はなかなか連絡が来なかった。奈々さんは無事を祈りながら、連絡が来るのを待っていた。

当時はまだ携帯電話はなく、自宅の電話以外の連絡手段がなかったこともある。

不安な日々が続いていた。

もう四月になって二週間ほど経ったある日、仲間の一人から電話があった。

「トモヤが死んだ。これから皆で斎場へ行く。迎えに行くから待ってろ」

それだけを告げて電話は切れた。

え。何それ。

彼女は茫然として、なかなかその意味を理解することができなかった。とにかく家族に言われるがままに、出かける支度をして迎えを待っていた。

ここからの記憶は途切れ途切れだ。

斎場には仲間達が続々と駆け付けた。彼らの話を詳しく訊いてみると、彼はバイクで首都高を走っていてカーブを曲がれず、キロポストの鉄柱に頭からぶつかって即死したとのことだった。

それも何故かヘルメットを被っていなかったらしい。

その話を聞くだけでは、とても信じることはできなかった。

仲間の中では一番と言っていいくらい真面目な彼は、首都高で事故るようなスピードを出すような人ではない。二人乗りをする時には、目と鼻の先という距離でも、ヘルメットを被らないと後ろに乗せてくれない人だった。

一体彼の身に何が起きたのだろう。

耐え難い悲しみの中そんなことをつらつらと考える。考えたところで、幾ら否定したところで、彼は戻ってこない。

お棺に眠る彼の顔は綺麗に化粧され、割れた頭を隠すように沢山の花で囲われていた。なるべく安らかな顔になるようにと努力してくれたのだろう。

しかし、唇には切れた傷跡があり、心なしか苦痛の表情を浮かべていた。


告別式の後、抜け殻のようになった奈々さんを、トモヤのお母さんが呼び止めた。

「これ奈々ちゃんが作ってくれたプラモデルでしょう？　トモヤが嬉しそうに私に見せてくれたのよ。このプラモデルと息子のヘルメットを形見に貰ってくれるかしら？」

お母さんも真っ赤に泣き腫らした目をしていた。

すかさず「はい」と答えて形見の品を受け取った。

お母さんは、彼女がプラモデルを回収しているという話を、事前に仲間から聞いていたのかもしれない。

それから彼女は、悲しみを振り払うかのように、プラモデルと一連の友人達の事故との因果関係を調べ始めた。

渡した人達に、もっと何か変わったことはなかったかと訊いて回った。

すると、思いもよらないところから情報が入ってきた。

言いにくそうに打ち明けてくれたのは、最初の事故があったツーリングにも同行していたケンジだった。

「シンジにのこと悪く言うのも何だけどさ、あいつがトモヤを連れてったんだよ。奈々ちゃんのプラモデルに乗り移って、俺達を呼びに来るから気を付けろって話があったんだよ」

詳しく訊くと、夢の中にシンジが現れるのだという。

夢でバイクを走らせていると、すぐ後ろからコール音がする。振り返ると、血まみれになったシンジが、何故か自分の愛車に跨っている。

「お前のこのバイクカッコイイよな。また俺と一緒に走ろうぜ。このバイクがあれば、こっちでも走れるだろ。お前もこっちへ来てくれよ」

普段なら爆音で聞こえない言葉が、耳元ではっきりと聞こえる。

振り払おうとしてスピードを上げる。

しかし、なかなか千切ることができない。シンジはイン側にするりと入ってくる。

そしてコーナーで曲がり切れずに、ガードレールにクラッシュする――。

そこで目が覚めるのだという。

「俺のバイクはマイナーだから、奈々ちゃんのプラモを貰えなかったけどさ。プラモ貰った奴は、みんなそんなこと言ってたんだよ。いや、奈々ちゃんのせいじゃないよ。シンジのバカが、俺達を狩りに来てたってことだろ。でもさ、そもそも死んじまった奴に、俺達が何かできることなんてないから、みんな黙ってんだよ」

「でも、あたしが皆のオートバイのプラモデルを作らなかったら、たとえシンジが事故で亡くなったとしても皆を迎えには来なかったんじゃないかな――」

ケンジはその問いには答えなかった。

「皆、ずっと許せないって言ってたんだけどさ、あそこのお母さんも一人息子を亡くして可哀想だしさ、恨むのは何か嫌なんだよ。ごめんな。トモヤのことをシンジが連れてったようなこと言ったあとに、こんなこと言って」

横で一緒に話を聞いていた奈々の兄が、ぽつりと呟いた。

「俺もケンジも、両方と幼馴染みだったから、正直どっちが悪いとか言えないんだよ。お前だって悪くないよ。みんなプラモ貰って喜んでたんだから」

しかし二人の言葉を聞いても、奈々さんには自分を責めることしかできなかった。

何故、シンジは自分の作ったものに乗り移ったんだろう。

何故、トモヤだったんだろう――。


この出来事以降、彼女はプラモデル作りを一切やめた。バイクに乗ることもない。

奈々さんは今もずっと独り身である。

「返してほしい。正直今でもそう思います。トモヤのことは三十年近く経った今でも悔いていますし、多分この後悔は、あたしが死ぬまで続くんです――」

禍跡

亀田さんという方から聞いた話である。

「部屋とか家って、お試しとかってできないじゃないですか。だから住む場合は、部屋とか家に何かあっても、なかなかそこから出るのは難しいんですよね」

彼の言う通り、部屋を借りる際には契約前の内見以上のことはできない。一週間試しに住んでみて、気に入らなかったから契約解除、という訳にはいかないのだ。

新築なら中古になってしまうし、賃貸であればドアの鍵も更新される。

「お試しができれば良いのですけどね。隣にどんな人がいるのかも分からないし、そもそも引っ越すのも安い値段じゃない」

僕はそんなリスク、絶対にごめんですね——。

亀田さんがそのような価値観に落ち着いたのは、船尾という同僚が家を買ったことが切っ掛けだという。

結婚して十年。

子供もそろそろ小学校だ。

船尾はそのタイミングで家を買った。いや、正確には古屋付きの土地を買った。つまり、不動産屋からすれば、解体費用の分だけ安くなっている物件、という扱いである。

駅からはバスで十五分。現在では高齢化の進む、かつての新興住宅地といった風情だったという。

会社までは少しだけ遠くなったが、始発駅まで徒歩圏なので座っていける。悪くない。

そういう判断だった。


引っ越してから船尾の体調が悪くなったのは、側から見ていても明らかだった。

いつでもだるそうにしているし、咳が止まらない。

話をしていると、胃腸を悪くしているような口臭がする。

「船尾、最近体調悪そうだけど大丈夫か」

心配して同僚が訊くと大丈夫だと答えるが、無理をしているのは明らかだ。

一月、二月その状態が続いたところで、彼の体臭が明らかにおかしくなった。

時折、腐敗臭のような嫌な臭いがツンと鼻を突く。

仕事の進み具合が、今までの半分以下になっている。

見かねた亀田さんは、上司を交えて話を聞くことにした。

「子供が毎朝のように鼻血を出してたんです」

最初は大丈夫と繰り返していた船尾だったが、最後は観念したように打ち明けた。

家族も皆自分と同じような咳を繰り返す。最初は新たに買った家具のホルムアルデヒドか何かが影響しているのかと疑った。

頻繁に換気もした。それでも変わらない。

ハウスダストか何かのアレルギーかとも疑って調査を入れたが、特におかしな数値も出ていないと業者は結論づけた。

そんなことをしているうちに、夫婦仲が悪くなり、妻は子供を連れて出ていってしまった。

離婚までには至っていないが、別居状態だという。

「あの家が悪いんですかね――」

そう問われても、亀田さんにも上司にも何とも返事のしようがない。

仕事のほうのストレスかもしれないから、少し負担の少ない部署に回す。そうすればまともに医者に通う時間もできるだろう。

そもそも船尾は仕事漬けで、医者にすら行っていなかった。

ありがとうございますと彼は頭を下げたが、どうやらそういうものではなさそうだなと、亀田さんは何となく思った。


「先週末に船尾の家に行ったんだよ」

先日一緒に話を聞いた上司が話し掛けてきたのは、一週間程後の月曜日のことだった。

意外なことに船尾のほうから誘ってきたのだという。

「あれから家に遊びに来てほしいって何度か頼まれて、仕方がないから行ってきてね」

上司の話では、住宅地でも妙に暗い一角だったという。ちゃんと街灯もあるのに、何故か暗い。


――そうか。両隣の家に光が灯っていないのか。

玄関に案内されて、家に上がる。やたらとがらんとした印象だった。

「妻が出ていってしまったので、色々と処分したんです」

心を読んだように船尾が言った。

「ちょっと失礼しますね。どうぞ、そこに座ってて下さい」

ダイニングのテーブルセットを指差す。言われるがままに椅子に腰掛けた。そのとき、時計が鳴り始めた。

——八時か。

今夜は泊まっていけってことだろうな。

帰る方向が一緒だから付き合うことにしたが、既に後悔している。

船尾はダイニングの続きの和室に入って、何やらやっている。

布団を出すなら手伝うぞと声を掛けようと立ち上がった。

すると船尾が壁に向かって正座して、何度もお辞儀をしている姿が目に入った。

彼は部屋の四方に同じことを繰り返した。


「——余りにも変だから、それ、俺もやらなきゃ駄目？　って訊いたんだよ。そうしたら最初はいいって言ってたんだけど、食事をしてる最中に、やっぱり頼んでいいですかって言い始めて。当然理由が気になるじゃないか。宗教か何かなのかって訊いたんだよ」

船尾の答えは、〈じっとこっちを見てるから、とりあえず頭を下げといたほうが安全〉というものだった。もちろん上司の目には何も見えていない。ただがらんとした和室というだけだ。

「その時点で、もう怖くなっちゃったんだよね。言われた通り、壁に向かって頭を下げたんだが、不思議な体験だった。頭を下げるともう上げられないんだ。上から押さえつけられてるみたいな感じがしてね。頑張って頭を上げると、今度はこっちって別の場所を指差すから、もう勘弁してくれって思ったんだけどね――」

青い顔をして四方に頭を下げた。

それを終えて飲んでいる間も、船尾は尋常ではなかったという。

「彼、飲んでいる間、ずっと斜め上を見てるんだ。天井のほう。焦点が合ってないというか、斜視みたいになっちゃっててね。あー。違うか。カメレオンか。両方の目が独立してぐるぐる動くんだ。それでずっと誰かの文句を言ってるんだよ。職場では見ないだろう。彼のそんな姿」

確かに船尾のことは、仕事に打ち込む生真面目な姿しか知らない。会社の飲み会でアルコールが入っても、ちょっと朗らかになる程度だ。

普段の彼からは想像が付かない異様な姿だ。

上司は結局、船尾家には泊まらずにタクシーを呼んで帰ったという。

「君も誘われるとは思うけど、船尾の家には行かないほうがいいぞ」

船尾が同僚何人かに、〈家に来てほしい〉と声をかけているという話が耳に入ってきたのは、それからすぐのことだった。

それとなく他の同僚に訊くと、上司と同じことをさせられたという。噂は既に広まっており、もう誰を誘っても断られているようだ。

一月ほど経った頃に、船尾に呼び止められた。

久しぶりに見た彼は、肌が土気色で、かさかさに乾いており、白目が黄色く変色していた。咳も止まっていないようで、四六時中マスクをしている。だが、そのマスクを通しても、酷い口臭が伝わってくる。

「あれから拝み屋さんに相談したんですよ」

家に誘われるのかと思っていたら、どうやら話が違うようだ。

「あの家が悪いなら、更地にして売ることも考えまして。色々調査に入ってもらっているんです。そうしたら——全部駄目って言われました」

リフォームしようかと思って調査したら、基礎が墓石だという。この時点で施工会社がキャンセルした。

何でそんなことになっているのかと、仲介を担当した不動産屋に、元々の売り主の調査を依頼したら、教えられないと断られた。食い下がると、今までずっと転売転売されていた物件で、もうどこの不動産屋もまともな値段では買わないと言われたと打ち明けた。

「あの家のローンを抱えてますしね。もう俺は逃げても駄目なんですよ」
――僕にそう言ってから、船尾は会社に出てこなくなっちゃってね。
最後に首吊って、暫く発見されないでいたみたいです。
警察から会社にも連絡があってね。
それ以来、僕は持ち家はやめようって思って、ずっと賃貸派です。
うちの妻は一戸建て買いたいとか言ってますけど、絶対に御免です――。

二本取り

「親父が死んでから、来るようになったんですよ」

平林さんはポケットから片手を出して、テーブルの上に載せた。

薄手の手袋に包まれた左手。そのうち二本の指には作りものの指が入っているという。

「あと、足の指を一本。左肩の腱。そして右の眼球」


物心付いたときから、父親が賭け事に狂っていると知っていた。

ただ、普通と違うのは、彼はギャンブルで負けなしだったことだという。

父親は定職に就いていていなかった。母親はパートで働いていたが、父は毎週その稼ぎよりも大きな額を家に入れていた。

子供の頃に、駅前に散歩に連れていってもらったことがある。

そこで、スクラッチくじを買った。

「どれでもいいぞ。削ってみろ」

銀を十円玉で削っていくと、当たりだった。

千円が五千円に化けて、それを元手におもちゃを買ってもらった。

「俺は賭け事では負けないんだ」

彼が自信満々でそう言ったのを覚えている。


父親の人生が下り坂になったのは、平林さんが高校に入学した直後からだった。パチンコ屋から帰ってくる途中でバイクで転倒し、右手の薬指を失った。それがケチの付き始めだった。

次は母親の癌が発覚した。ステージ4。既に全身に転移しており、手の施しようがないと医者に言われた。すぐに入院となった。

それでも父親はギャンブルをやめなかった。

その頃の父親は、確かに賭け事で負けることはなかったが、以前よりも家に入れる額が格段に下がっていた。

毎日パチンコ屋に通い、週末には競輪、競馬、競艇場へと足を運び、大きなタネ銭で僅かながらに得られたプラスの結果を、酒に費やすようになった。

結局、母親は半年と経たずに亡くなってしまった。

「俺が親父の代わりに母親の見舞いに行くじゃないですか。そうすると、お父さんはって訊くんですよ。俺は毎回仕事に行ってるって答えるんです。高校までは、それが親父の仕事だと思ってましたから。そうしたら、ああ、こんなになっても、まだ病気は治らないのねって泣きそうな顔をするんです。それが辛くてね」

亡くなった母親の葬儀を出そうにも、家には金がなかった。

火葬をして、小さなお別れ会を開く。それでも十万からの金は掛かる。

父親の財布には現金が詰まっているのは知っていた。

頼むからその金くらいは出してくれと頼んでも、明日のタネ銭だから無理だと断られた。

その言葉に逆上して、父親を殴りつけた。殴って殴って、最後は泣きながら殴った。

もうこの父親とは一緒にいられない。家を飛び出して、友人の家を転々とした。すぐに持ち金が尽きたので、寮のあるパチンコ屋の店員になった。


父親がそのパチンコ屋に客としてやってきたのは、半年後のことだった。

彼は平林さんの前に立つと、右手を広げて見せた。

中指と薬指がなかった。この半年で指を失うような怪我をしたのか。

呆然としている平林さんに、父親は寂しそうな笑顔を見せて言った。

「負けたよ」

父親は、店外でお前の仕事が終わるまで待っていると告げた。そこで久しぶりに一緒に食事をすることにした。


「俺はもうすぐ死ぬ。それでお前に伝えておくことがある」

焼肉をつまみながら、父親は切り出した。

「お前には言ってなかったが、俺は若い頃に賭け事に負けないまじないを受けてな。実際にそれ以来、一度も負けなしだ」

この男は、一体何の話をしようとしているのだろう。

父親はコップのビールを飲み干して続けた。

「そのときは、代償は指二本だって言われたんだ」

ただ、指は後から取りに来ると言われた。いつ取りに来るか分からない。明日かもしれないし、今際《いまわ》の際かもしれない。

「お前も見ただろ。この間、二本目を取られたんだ」

だからもう賭け事は終わりだ。これから先は勝てないんだ。契約が終わったからな——。

ああ、さっきの「負けた」はそういう意味だったのか。

父親が緊急搬送されたとの連絡を受けたのは、それから一週間ほど経った頃だった。

駆け付けたときには既に意識は失われており、ベッドに横たわる痩せた身体からは、チューブが何本も生えている状態だった。

正直、容体は良くない。いつ亡くなるか分からない。あとは本人の気力次第です。

医者はそう告げた。しかし、平林さんは既にもうすぐ死ぬと事前に本人から宣告されている。

本当に自分勝手な男だ。

それでも毎日見舞いに通った。平林さんにとって唯一の肉親だからだ。

父親は死ぬ間際に一度意識が戻った。

すまん。

彼は声にならない声で謝った。

「――寝ている間に、あいつらに言われたんだ。まだお前には貸しがある。お前の妻からも取り立てたが、まだ足りない。だから次はお前の子供から取り立てる――そう言われたんだ」

そう途切れ途切れに呟くと、ぽろぽろと涙を流した。

彼が次に目を閉じると、すぐに呼吸が止まった。

父親の四十九日が過ぎた頃から、平林さんは、自分の背後を尾けてくる人影があるのに気が付いた。

振り返ると消えてしまう。人間技ではない。

——取り立て人か。

直感した。

それはなかなか近づいてこなかったが、あるときバイクを走らせていると、影が自分を羽交い締めにした。身動きが取れずに、そのまま赤信号の交差点に飛び込んだ。

指はそのときに失われ、左肩の腱も切れたまま繋がっていない。

腕は水平より上がらない。

次に左目の視力が失われたのは突然だった。

駅で電車を待っている間に、黒い影が近づいてきたと思った直後に、耳元で「ぱちん」と呟かれた。

その瞬間に視界が一気に狭くなった。

「親父がどんだけ借りを作っていたか知りませんが、まだ後ろについてきてるんですよ。お祓いをしても効きやしません。霊能者みたいな人にも頼ったことがあるんですが、金が掛かるばかりで何もできやしない――」

業なんですよ。業。母親も親父に殺されたようなもんじゃないですか。

もう死んじまったのを恨んでみても、今更仕方がないんですがね――。

アマチュア写真家

まだフィルムカメラ全盛期の頃の話だ。

当時まだ二十代だった菜々子さんは、中学時代からの友人である山口君と武田君と、よく三人で写真の撮影に出かけた。

撮るなら富士山だろう。三人の意見が一致し、休みともなれば夜中に都内から車を飛ばし、車中泊で明け方の富士山を狙う。

富士山は当時もプロアマ問わず人気の被写体だった。ベストショットを狙う写真家達には、それぞれお気に入りの撮影スポットがある。菜々子さん達にも、富士五湖の周辺に三箇所、お気に入りの場所があった。その一つが山中湖の側から入り込んでいく県道の途中だった。現在はパノラマ台として知られている辺りだが、当時は知る人ぞ知るという撮影スポットだった。四季折々の表情が豊かで、他の写真家にも人気がある。

眼下に山中湖が広がり、その向こうにどっしりと聳《そび》える富士山。

週末の夜ともなれば、両手で数えるほどの写真家達が場所取りをしていた。そこかしこに三脚を立て、カメラをスタンバイしているのがお馴染みの光景だった。その場にいる全員が夜明けの富士に魅せられているのだ。

中には高そうなカメラに重そうなレンズというハイアマチュアもいれば、高級コンパクトカメラを車のルーフに置いているだけという人もいる。車中で仮眠を取る人、コーヒーや軽食などを摂《と》りながら簡易椅子で夜明けを待つ人、様々である。


富士山を撮るために山梨県まで通うようになってから半年ほど経った。

季節は冬。一月の凍てつくような夜に、三人は件《くだん》の撮影スポットへと向かった。

夜のうちから空気は澄み切り、満天の星に吸い込まれそうなほどだ。

その夜は余りにも星が綺麗だったので、バルブ撮影を試すことにした。

バルブ撮影とは、シャッターボタンを押している間、シャッターを開きっぱなしにできるという機能を使った撮影だ。長時間露光で夜景や星空などを撮る際に用いられる。

デジタルカメラと違い、フィルムは写真館やプロラボに現像を依頼する必要がある。フィルムを選び、レンズを選び、仕上がりを想像しながら撮影をするのが醍醐味でもある。

時刻は三時を回り、足元からしんしんと冷えていく。

身体を温めようと三人で軽食を摂っていると、どこからか鍵束を振っているような金属音が響いてきた。周囲を見渡すと、他の写真家達もきょろきょろと頭を巡らせている。

菜々子さんは、自分だけに聞こえているのではないのだと安心した。

昔から、他の人に見えないものや、聞こえない音に振り回されてきたからだ。音のする方向に意識を向けると、うっすらと靄《もや》が掛かった峠の上のほうから、段々と近づいてくるのが分かった。

峠の先は三国峠である。峠を越えてきた新たな写真家さんが到着したのか。それともナイトハイクを楽しんでいる人だろうか。

どちらかといえば後者の可能性のほうが高そうだった。しかし、懐中電灯やヘッドライトの光も見えない。坂の上に目を凝らすと、薄汚れた作務衣《さむえ》のような服を着て、お遍路さんが持つ金剛杖のような棒を手にした人影が近づいてくるのが見えた。星明かりでは性別は分からないが、背格好からすると男性だろうか。

人影は縦にも横にも振れることなく、道路を滑るように移動してくる。何か特別な修行でもしているのだろうか。

他の人にも同じものが見えているのかしら。

菜々子さんは急に気になった。写真家達は音には気を取られてはいるが、駐めてある車の間を抜けて視界に入ってきているはずの人影には気付いていない様子だった。

——ああ、やっぱり違うんだ。

この人影はこの世のものではない。何か得体の知れないものだ。

慌ててアウトドアチェアに座って暖を取っている友人二人に声を掛ける。

「ねぇ。さっきから変な音聞こえるよね」

「ああ、それがどうしたの」

「それじゃ、あれは見える？」

二人は、人影を振り返った。二人の表情から人影を確認したことが分かった。

中でも武田君の反応は激しかった。彼はぎょっとしたような顔をして立ち上がると、手にしていたサブのコンパクトカメラで、慌てた様子でシャッターを切り始めた。

冷静に考えれば、この真っ暗な中では何も写る訳がない。カメラに詰められているのは、ＩＳＯ感度１００のリバーサルフィルムだ。よしんば何かが撮れていたとしても、手振れで何が写っているかなど分かろうはずもない。

人影が近づいてくるにつれ、菜々子さんの鼻の奥を、血と土が混ざったような異様な臭気が突き刺した。吐き気と悪寒が全身を襲う。

「武田君、もう撮るのやめて！」

そう促しても、彼はシャッターを切るのをやめなかった。

人影は明らかに彼を目指して近づいてきている。鼻の奥を炙るような異臭は、ますます激しくなった。視界が揺らぐ。もう目と鼻の先、手を伸ばせば届く距離――。

その直後、人影は武田君に向かって駆け出した。そして彼の身体をすり抜けると、背後の断崖へと身を躍らせて消えた。

菜々子さんが人影を確認してから、時間にして一分と経っていない。特に最後は一瞬のことで、一体何が起きたのか正確に理解できなかった。

気が付くと金属音がやんでいた。周りの写真家達も首を振りながら、何事もなかったかのように、それぞれの作業に戻っている。

武田君のカメラを確認すると、フィルムを丸々一本撮り切っていた。

「ちょっと休もうよ」

「武田、大丈夫か」

放心している武田君をアウトドアチェアに座らせ、手早くコーヒーを淹《い》れる。

芳ばしい香りが不安と緊張を緩めてくれた。

先ほどのあれは何だったんだろう。それぞれの体験を話していると、三人の間で見たものが違っていることが判明した。

菜々子さんには、金剛杖を持ち、薄汚れた作務衣のようなものを着た人影。

山口君には、木の枝を杖代わりにした、茶色い寝間着を着た老人。

そして武田君にとっては、短刀を持ち、古びた綺麗な着物を身に着けた女性。同じものを見て、三人で姿形がここまで違うのは何故だろう。

幾ら考えても、結局答えは出ないままだった。


間もなく夜明けを迎えた空は雲一つなく、富士山も今までになく美しく映えていた。三人は夜中のことはすっかり頭から抜け落ちて、夢中でシャッターを切った。

用意したフィルムを撮り切り、三人は早々に地元へ戻った。

山口君が馴染みのプロラボに現像を依頼し、仕上がりを楽しみに待つことにした。


それから四日後となる木曜日。山口君から、写真を店から受け取ってきたという連絡が入った。夜に三人で近所のファミレスに集まり、仕上がってきた写真を確認する。

電池式のライトボックスにフィルムを並べ、ルーペで写真を拡大して一コマ一コマ確認していく。

中には露出を失敗したものも混じっていたが、どれも良い出来栄えだった。

その中から二枚を大判にダイレクトプリントし、地元の写真屋が主催するコンテストに応募することに決めた。

「あれ、こっちの袋は」

「ああ。それは武田の例の奴だよ。きっと真っ黒で何も写っていないんじゃないかな」

菜々子さんはそのときまで、完全にあの夜のことを忘れていた。

「そんなこともあったね。でも何も写ってないの分かってたんだから、現像に出す必要なかったじゃない」

「武田があのとき撮ったフィルムも、混ざっちゃってて分からなかったんだよ」

リバーサルフィルムの現像代も安いものではない。しかしそう理由を聞かされると強くは出られない。

「現像代は出すよ。まぁ、確認するだけ確認しようや」

武田君はライトボックスにフィルムを並べた。案の定どのコマも真っ黒だ。

だが、彼はルーペで覗きながら首を傾げた。

「これさ、何か写ってないか?」

菜々子さんは横から覗き込んだ。確かに最初のほうはただの暗闇だ。しかし、コマを追っていくうちに、うっすらと白い影のようなものが確認できるようになった。それは次第に大きくなっている。

「ちょっと貸してみろ。うーん。手振れにしてもちょっと変だな」

山口君はルーペを覗き込み、急に顔を上げた。

「何で武田が写ってるんだよ」

フィルムの終盤の何コマかには、暗闇に浮かぶように、同じポーズでカメラを構える武田君が写っていた。

その彼の首の前を横切る形で、一筋の赤い光が写り込んでいた。

次のコマでは光が首に掛かり、更に次のコマでは光は首に刺さっている。

更に最後のコマでは、光の筋は武田君の背後に回った状態で写り込んでいる。

赤い光の刃で、首を切られているとしか思えない連続写真である。

最後の四コマに写る武田君の姿勢は変わっていないため、ほんの短い間に連続してシャッターが切られたとしか思えない。

紫電一閃とでもいうのだろうか。

「――武田君。これ、お祓いに行ったほうが良いんじゃない」

菜々子さんの言葉に山口君も同意した。

武田君は青い顔で頷いた。

「早いほうがいいだろうから、明後日。土曜日にみんなで行こう」

三人で地元の神社へ行く約束をして、その日は別れた。

土曜日の朝には三人で神社へ足を運び、厄除けのお祓いを受けて帰宅した。

その夜、九時を回った頃に、山口君から菜々子さんの元に電話があった。

「武田がバイクで事故って死んだ」

地元の他の仲間の元にも一斉に連絡が回り、十人近くがファミレスに集合した。

「一体何があったんだ」

リーダー格の男がそう問うと、第一報を受けたキヨシという仲間が手を挙げた。

「場所は江東区。事故の原因は道路に飛び出した針金だそうです」

その場にいた全員が、当時ニュースで話題になっていた事件を思い出した。

都内の公園に張られたロープに暴走族のバイクが引っ掛かり、暴走族は転倒事故を起こして亡くなっている。

模倣犯がいたというのか。それともただの偶然だろうか。

キヨシによれば、武田君は道路から飛び出した針金に首が引っ掛かって転倒し、半分首がもげた状態で即死したとのことだった。

皆は怒りと悲しみで声を荒らげていたが、菜々子さんはその話を聞いた瞬間、耳が遠くなるような感覚に襲われた。

気分が悪くなったので、駐車場で風に当たると残して店外に出た。

遅れて山口君も出てきた。

「あれのせいだよね」

「うん。お祓いが間に合わなかったのかな」

「――分かんない」

幽霊が見えても、声が聞こえても、人の生き死になんて何も分からないのだ。

武田君の葬儀の前に、あの日の写真は燃やさないと。

翌日、菜々子さんは神社に足を運び、手元に残っていた写真もお焚き上げにしてもらうように預かってもらった。


翌年の小正月が過ぎた頃の話である。

菜々子さんは山口君と会う約束をした。お互い忙しく、顔を合わせるのは実に半年ぶりだった。

武田君の命日の前日である。彼が亡くなってから、菜々子さんの写真熱はすっかり冷めてしまい、機材も売り払ってしまっている。

山口君も仕事が忙しくなったというが、まだ写真は続けているらしい。

昼食を軽くつまみながら、近況を報告し合う。

すると、彼は縁起でもないことを口にした。

「ここ暫く、武田が夢に出てきてさ、俺を迎えに来るって言うんだよ」

年末から、ほぼ毎晩夢に出てきているのだという。

確かに山口君の顔には疲労の色が濃い。

「縁起でもないこと言わないでよ。明日が武田君の命日だよ！」

「あいつの写真、コンテストにも入選したのになぁ。もったいねぇよなぁ」

その週末の武田君の一周忌法要の待ち合わせ時間や、お寺に行く段取りの話をしていると、不意に山口君が呟いた。

「富士山ってさ、綺麗な山だよな」

「――え。うん。私、今でも好きだよ」

「武田も富士山好きだった。それでさ俺――あぁ、別にいいや。それじゃまたお寺でな」

夕方に別れたが、その日の深夜に山口君は自室で首を吊った。

理由は分からない。ただ、親友二人の命日が重なってしまった。

今となっては、菜々子さんにとって、富士山は一番嫌いな山だという。

オレンジゴリラ

「ゼミの一個上の先輩が首を吊っちゃったことがあって、そのときは大変だったんですよ」

目立つ蛍光オレンジのラインが入ったウインドブレーカーを着て現れたあずみさんは、開口一番そう告げた。

当時は暫く精神的に参ってしまったという。それはそうだろう。親しくしていたというのであれば尚更だ。第一発見者だったこともあり、色々と警察から事情聴取も受けたらしい。

彼女は当時大学三年生で、アウトドアを趣味としていた。亡くなった先輩とは同じサークルで、連れ立って何度もキャンプに出かける仲だったという。その日も彼が使い古したというテントを受け取りにアパートに出向き、そこで家主が首を吊っているのを発見したという経緯だった。

「でも部屋には、そのテントはなかったんですよ」

ここまでなら、単なるズボラな先輩と、運の悪い後輩の話で終わったのだが、彼女はこれに関しては、不思議な経緯があるのだと続けた。

あずみさんは、彼女が直接聞いた話もあれば伝聞の話もあると前置きをして、その先輩の死を巡る話を教えてくれた。

「あたしは最後のキャンプには付いて行かなかったんです。一緒に行ったのは、経堂君という同じサークルの一年生の後輩――まぁ、その子も死んじゃったんですけど」


十月の末だった。ゼミの終わりに先輩から声を掛けられた。来週末に山梨県のキャンプ場跡地に行かないかという誘いである。

わざわざ何で跡地に行かねばならないのかと訊ねると、先輩は秘密だと答えた。

「お前らが嫌な顔するのが楽しみだからな」

邪悪な顔をして笑う先輩の様子に、今回は同行するのをやめておくことを伝えた。

「え、行かないの？　経堂は行くって聞いてんだけど。現場でテントを張って寝るんだよ？」

「残念ながらバイトがありますので！」

嘘ではない。バイトは代理を立てることはできるが、それをわざわざ先輩に伝える義理はない。

二人には悪いけれども、自分の嫌な予感には従っておきたい。

そもそも現場って何のだよ。

そう訊ねても、結局いつものように、詳しい場所については教えてもらえなかった。

二人がキャンプに行った翌週、経堂君が食堂で声を掛けてきた。

「オレンジゴリラ、今回酷かったんですよ」

口を尖らせて先輩のことを酷い酷いと繰り返した。

珍しい。彼は先輩よりもお調子者で、実のところ酷い目に遭っているのは、いつも先輩のほうだ。オレンジゴリラとは、先輩のニックネームだ。いつもオレンジ色のアウトドアギアを身に着けているのが由来だ。ゴリラの由来は、推して知るべしといったところである。

経堂君は、キャンプで今回ほど怖いことはなかったと愚痴をこぼし始めた。

仕方がない。お姉さんが聞いてあげようと笑うと、あずみさん、本当に笑いごとじゃないんですよと陰鬱な顔を見せ、廃キャンプ場での体験を語り始めた。

「テントを張って寝てるじゃないですか。気が付くと隣に人が寝てるんです。先輩と僕の間に」

背中に当たっているのが人の身体だということが、何となく分かる。ただ、やたらと冷たい。ひんやりとした空気が自分のほうに流れてきて、震えるほどだった。先輩の身体ではない。先輩のいびきはもっと離れたところから聞こえてくる。

それではこの背中におぶさるようにしているのは誰だ。

勇気を絞って振り返ったが誰もいない。先輩との間には荷物もなかった。だが、二人のシュラフの間には、丁度人一人分の隙間が空いていて、そこが氷でも置いてあったかのように、やたらと冷たい。

夜中に何度も何度もそれで起こされる。

夢見も最悪だった。

目が見えない。その上で、手足も縛られているのか、微塵《みじん》も動かすことができない。

「返しますから。絶対返しますからって、必死に弁解している声が聞こえるんですよ。それで、ああ次は自分の番だって覚悟する——そんな夢でしたよ」

やっぱあのゴリラ最悪ですよ。

「で、そのキャンプ場って、どこだったの？」

「知りませんよ。車で直接行ったし、最寄り駅も教えてくれませんでしたから。ただ、護岸工事された川があって、敷地には砂利が敷いてありましたね。何かキャンプ場というよりは駐車場みたいになっていました。周囲に誰もいなかったから、テント張って泊まるのはできますけど、僕はお勧めしませんね」

「行くつもりはないけど、あの人、分かっててやってるよ。嫌な顔するのが楽しみだって笑ってたもん」

「えー。何でしょうかね。人の形に草が生えてたからって、わざわざそこを選んでテント張ったんですよ。そんな仕込みしますかね」

「酷いねぇ。いつも拉致みたいにしてキャンプに連れてくものねぇ」

あずみさんが同情すると、経堂君もまた先日の先輩と同じような嫌な顔を見せた。

「次は僕の番ですからね。絶対負けませんから」

そろそろあの二人と一緒に活動するのはやめておいたほうがいいのかもしれない。特に先輩とは距離を置いたほうが身のためのような気がする。同じサークル、同じゼミに所属しているし、週末には一緒にキャンプに行くこともあって、周囲には二人が付き合っていると思われている節もある。

二人とも全くそんな気持ちはないというのに、だ。


その週のゼミに、先輩は姿を現さなかった。

「オレンジゴリラ、今日は来てなかったな。あずみちゃん、あいつどうしてるか知ってる?」

「いえ、全然知りませんよ」

やっぱり付き合っていると思われている。

帰宅してから先輩の携帯電話に電話を入れると、数コールで出た。

「先輩、体調どうですか。ゼミの先輩方が心配してましたよ」

「ああ、悪い。今、実家に戻っていてさ」

「そうなんですね。そういう大事な連絡は、ゼミのメーリングリストに投げといて下さいよ。あたしは先輩のマネージャーじゃないんですから」

「悪かったな。例のキャンプでヤバかったんだよ。今、俺の部屋に変なものが出るようになっちまって、夜寝られないんだ」

変なものって何かと訊ねると、先輩は、電話だとお前は絶対笑うからと言って、電話を切った。


「そんで、経堂がテント欲しがってたから、宅配便で送ったんだよ」

「へぇ、先輩にしては優しいじゃないですか」

「まーな」

何故か大学の帰りに待ち伏せされて、ファミレスで話をしている。これでは、オレンジゴリラとデートしてるみたいだ。

「人の形をしたものが出るっていうところまでは理解しましたよ。でも、そんなこと言われても、あたし何もできませんよ」

「まーな。それは期待してない」

話の内容をまとめると、どうやら例のキャンプ以来、夜になると、彼の部屋に見知らぬ誰かが横たわっているらしいのだ。いわゆる幽霊というもの——なのだろう。恐らく。

「先輩、霊感とかあるんですか」

「心当たりはないんだよ。だから今でもそれが現実のものかどうか分からなくてさ」

触るのも怖いからな、と先輩はしゅんとしたゴリラの顔で呟いた。

「念のために訊いておきますけど、それってどんな姿なんですか?」

先輩の説明は行きつ戻りつで要領を得ないものだったが、どうやらシュラフのようなものに押し込められた身体と、切り取られた頭のようなものから成り立っているらしい。

頭のほうは、目の辺りを包帯でぐるぐる巻にされていて、パクパクと口を開いて何か訴えている。

興味を持って、僅かに漏れる声を聞き取ったところ、首はどうやら、何かを必ず返すから許してくれと訴えているのだということが分かった——。

「先輩」

そこまで聞いたあずみさんの腕には、鳥肌がびっしり立ち上がっていた。

「それ、マジヤバいですよ。経堂君から話聞きました？」

「いや、俺、あの日から経堂とは連絡取っていないんだ。テントは一方的に送り付けたけど」

そういえば受け取った後に連絡がないなと、先輩は携帯電話を取り出し、その場で経堂君に電話を掛けた。

だが、何度掛けても彼が電話口に出ることはなかった。


その週は、経堂君を一度も見かけなかった。サークルにも顔を出していないらしい。先輩も毎日のように電話をしているが、連絡が取れないという。

「直接行けばいいじゃないですか。住所知ってんでしょ」

そうだな、と先輩は頷き、すぐに出かけていった。

だが、翌日会った先輩は、酷い顔をしていた。

「参ったよ」

「顔に出てますよ。一体どうしたんですか。経堂君は？」

先輩は、本当は話したくないんだと何度も首を振ったが、最後は、あいつはあずみの後輩でもあるんだよなと呟いて、一度深く息をした。

「大家のバアさんに訊いたら、〈経堂さんは亡くなった〉なんて言うんだよ。首括って死んだんだそうだ」

あずみさんは息を呑んだ。

いたずら好きの経堂君の顔がよぎった。

先輩はずっと下を向き、あいつには本当に悪いことしたと繰り返した。

「おいゴリラ、経堂君の弔いに、飲み行くぞ」

見かねてあずみさんからそう声を掛けた。これほどしょぼくれている先輩を見るのは初めてだった。


「ちょっとうちに来て泊まっていってくれよ」

先輩からの電話を受けると、彼は怯えた声でそう懇願《こんがん》した。

理由を訊ねると、大学から帰ると宅配便の不在通知が入っていたのだという。荷物の差出人は経堂君だった。

何で今頃になって、彼からの荷物が届くのだろう。そう不思議に思って再配達の手続きを取った。翌日配送されたものは、先日送り付けたテントだった。

「今、それはどうしてるんですか?」

あずみさんが訊ねると、テントはドアの横に置きっぱなしにしてあるという。

「俺、夜になるのが怖いんだよ。あいつの首が胴体の上に乗ってんだよ」

このゴリラはそうなると理解した上で、経堂君にテントを送り付けたということか。

やっぱりどうしようもない。

仏心で飲みに行ったりするんじゃなかった。朝まで一緒にいたりするんじゃなかった。

胃の辺りがムカムカする。最初はいたずら心だったのは分かるが、どこかで止めろよ。

「――嫌ですよ。先輩の部屋には泊まらないって何度も言ってるじゃないですか」

感情を叩き付けるようにして通話を切った。


翌週のゼミに先輩の姿はなかった。

ゼミのメーリングリストにも、彼からのメールは届いていない。

この一週間で受け取ったのは、あのテントはお前にやるよというメッセージだけだ。そのメッセージにも返事はしていない。

もしや部屋に出る幽霊のせいだろうか。それともこの間の電話で、ちょっと言いすぎただろうか。まさか卒論の進捗発表会を欠席するとは思わなかった。

――経堂君、次ってそれのことだったの？

先輩の携帯に何度連絡しても、電話口に出ない。

悪い予感がした。いつもなら自分の嫌な予感には従うはずのあずみさんだったが、それに逆らって先輩のアパートを目指した。

ドアの鍵は掛かっていなかった。先輩の名を呼んでも返事はなかった。

何度視線を往復させても視界にテントはない。どうしたのだろう。

何度呼んでも返事がないので、あずみさんは部屋に入った。

引き戸を引いた途端に、浮いている両足が目に入った。


結局、先輩のテントは見つからなかった。

「最後はあたしのところに、そのテントが来るのかなって思ってたんです。でもあたしのところには届かなかったので、きっと誰かのところに送ったか、捨てちゃったかしたんでしょう」

あたしのところに出てきたなら、二人の首を抱きしめてあげてもよかったのに。

あずみさんは、涙を拭いながらそう笑った。

廃病院

立美さんの専門学校生時代にゲーム仲間だった、竹巣君の話だという。

彼とはよくゲームセンターで格闘ゲームをプレイしていた。

「私は、今は都内に住んでますけど、出身は熊本なんです。彼とは九州時代の友人だったんで、この話もその付近でのことだと思います」

立美さんはそう言って、竹巣君から聞いた廃病院での話を教えてくれた。


その日、竹巣君は友人の家に出かけて仲間とだらだらと過ごしていた。集まったのは家主のタケシとその彼女のミカ、竹巣君とその彼女のヨリコ。カップル二組でゲームをしたり部屋に転がっている漫画を読んだりしていると、遅れてヒロキが遊びにきた。

五人は幼馴染みということもあり、よくこうやって一緒に遊んでいた。遊ぶ場所はタケシの部屋のこともあれば、竹巣君の部屋のこともある。特に竹巣君の部屋は母子家庭で一人っ子ということで、皆の溜まり場になっていた。

「もう三時だな」

壁の時計を見てタケシが言った。このまま部屋で無為に過ごすのにも飽きたという。他の四人も同意見だった。

「この間、何か凄い心霊スポットがあるって友達に聞いたんだよ。そこに行ってみないか」

竹巣君は一も二もなく賛同した。昔からそういう場所を探検するのは好きだった。一度も危ない目に遭ったこともない。ちょっとした冒険気分である。

女性陣は反対するかなとふと思ったが、意外と二人とも乗り気だった。ヒロキはどちらでも良いというスタンスである。

「なら決まりだ。今から出よう」

まだ明るい時間から出発すれば、廃墟を一巡りしても夕飯に間に合う。そういう魂胆だった。

車は竹巣君が出すことに決めた。タケシの家まで彼女と車で来ていたからだ。最後に皆を下ろして帰るにも丁度良い。

廃病院への案内はタケシ任せだったが、彼の家からは車で一時間ほどの場所だった。

「今が四時だから、一時間くらいで回れるだろ」

目の前に建っているのは二階建ての病院廃墟だ。朽ちたコンクリートは全体的に黒くすんでいる。外壁をカビが覆っているのだ。

だが、準備は万端である。カビや埃が舞うと大変だろうと、女性陣の発案で、途中のコンビニでマスクを買ってきた。もちろん懐中電灯も車に人数分積んである。

まずは周囲をぐるりと回って侵入口を探す。

それは拍子抜けするほどあっさりと見つかった。廃墟の周囲には金網が張ってあったが、その場所だけ大きく穴が開けられていたからだ。噂を聞きつけた侵入者が後を絶たないのだろう。

「まずは明るいうちに二階に行って、それから一階に下りてくるのが良さそうだね」

タケシが階段を指差した。もし迷ったときのことを考えると、奥で迷うより、出口に近いほうで迷うほうがいいという理屈だった。

竹巣君は、迷っている時点でその理屈が通じるかどうか不明だなとは思ったが、特に反対する理由もない。

五人はマスクを着用し、各々の手に懐中電灯を握りしめて、目の前の階段を上がり始めた。

二階の各部屋は、コンクリートの躯体《くたい》が剥き出しになっており、特に興味を引くものはなかった。階段を下り、一階も探索する。二階よりも薄暗くなっているが、窓からまだ光も差し込んでおり、特に怖いとは思わなかった。

「タケシさぁ、凄い心霊スポットって言ってたけど、ただの廃墟じゃん。幽霊とか出ないだろこれ」

竹巣君は茶化すようにそう口に出したが、別段特に文句がある訳ではない。廃墟独特の雰囲気を味わうことはできたし、部屋でうだうだしているよりは何倍もマシな時間の過ごし方だ。

「もう暗くなってきたし、そろそろ帰ろうよ」

横を歩いているヨリコが竹巣君の袖を引っ張った。


「これ、地下への階段だよな」

一人で周囲をうろうろしていたヒロキが、声を上げた。どうやら一番楽しんでいるのはこの男らしい。先ほどから妙に色々な隙間に入り込んでいると思ったら、地階へ通じるルートを探していたのか。ヒロキに言わせると、何重にも立てられた衝立の裏に階段があるという。

「でもまぁ時間も時間だし、とりあえず一度外に出ることにしようや」

タケシの言葉に、五人は一度金網の隙間から外に出た。もう空の色が変わっている。夕暮れの紫色の空の下、五人は今後の予定を話し合った。

仕切り直して、別の日に来るか、それとも今このまま地階を探検するか。冷静に考えれば、そのまま二度と来ないという選択肢もあるはずだが、彼らにはその選択肢は思いつかなかった。

「一応、その見つけた階段の所に行ってみるか」

タケシの言葉に、皆でぞろぞろと再度廃墟に足を踏み入れる。

「ヨリもそれでいい？」

竹巣君は彼女を気遣ったが、意外と乗り気なようで、ミカの手を引いて先導していく。

ヒロキの見つけた階段を下りるには、衝立をどかさないといけない。男三人で全て移動させると、階段が姿を現した。

「現場まで来ると下に降りてみたくなるな」

「どうせ地下は真っ暗だし、夜になっても変わらないよな」

五人は良い言い訳を見つけたとばかりに、その言葉に頷いた。五人で階段に足を踏み出し、廃病院の地下を心ゆくまで探検することに決めた。

階段を下り切ったところで、ミカが、階段が短い気がすると言った。確かに二階との間の階段よりも何段か少ない気がする。それに地下だというのに、少し光が回り込んでいるのか、うっすらと明るい。

「半地下なのかな」

「まぁ、いいよ。ちょっと先に進もう」

一階二階と違い、地下は特に落書きなどもない綺麗な状態だった。心霊スポット探検で入り込む人たちも、衝立をどかして奥まで探すことはしなかったらしい。こうなるとヒロキのお手柄だ。

階段を下りた先のホール部分の天井は、普通の高さだが、左手側に伸びる廊下の天井は、高架下のように一段低くなっていた。手を伸ばせば届く程度の高さだ。

ゆっくりとその廊下を進んでいくと、左右に伸びる通路に突き当たった。目の前にはアルミ製のドアがある。

ドアの前に立つと圧迫感が和らいだ。通路の天井は他の場所と同じ高さだった。つまり今の通路はトンネルを抜けてきたようなものだった訳だ。

右に伸びる廊下には、ドアが等間隔に並んでいる。目の前にも同じアルミ製のドア。左側の廊下は右よりもドアが少ない。

「とりあえず開けるか」

タケシがノブに手を掛けて回すと、ドアはすんなり開いた。だが、目の前にあるのはコンクリートの壁だった。つまり、およそ九十センチ四方の正方形の部屋で、中身は何もない。天井もコンクリートが打たれている。

何に使われていたか分からない部屋に五人は首を傾げたが、気持ちを切り替えて進むことにした。

一行は右に伸びる廊下を懐中電灯を頼りに進んでいく。タケシが先頭に立ち、開けられるドアを開けて、中を懐中電灯で照らして確認していく。どこもがらんとしており、印象に残るようなものはなかった。

確認を終えて、再びトンネル状の通路の前まで戻る。次は左に伸びる通路だ。

「何かさ、さっきから霧が出てるよね。靄っているっていうか」

ヒロキがそう指摘したが、竹巣君は埃だろうと思った。

「言われたらそんな気もするけど、地下だし、俺らが踏み荒らしたから、埃が舞ってるんじゃねえの」

マスクがあってよかったよ。

タケシがそう言いながら、一歩先を進んでいく。こちらの通路はドアが四枚と、右側の通路よりも少ない。

一枚目のドアを開けて彼が懐中電灯を差し込むと、やはりがらんとした部屋だった。

二枚目のドアの中には、ベッドが一つと壁に寄せられた衝立があった。

三枚目のドアを開けると、中で人影が動いた——タケシは慌てたようにドアを閉めて、そう言った。

五人は、そこで逃げ出そうとは思わなかった。何かが麻痺していたのかもしれない。彼らはその場で話し合った。

もしもタケシが見たのが人影なら、自分達と同様、探索に来た人かもしれない。結果的には、その部屋は放っておいて、最後の部屋を確認しようということになった。

ゆっくりと最後のドアを開ける。すると、ドアを開けたところに中年の男性が立っていた。それも満面の笑みを浮かべている。

ドアを閉めようとした。が、いつの間にか男性が一歩前に出てきたのか、そのままでは男性に引っ掛かってしまってドアを閉められない。

すると男性は、満面の笑みを崩さずに言った。

「僕、幽霊」

その場にいた皆は声を上げることもできずに、固まった。

色々な可能性が頭の中を巡った。

これはここに住んでいる浮浪者だろうか。

それとも廃墟マニアだろうか。

しかし、そんな人たちが、今入院しているような服でこの場にいるだろうか。

思考がまとまらない。

暫くすると、ミカが悲鳴を上げた。

「霧が！」

すると、奥から男性と同じように満面の笑みを浮かべた中年女性が手招きした。きっとこちらも幽霊――なのだろう。ところどころ黒く煤けているような印象を受けた。

「入って入って」

皆、声も出ない状態だったが、竹巣君が廊下から部屋を覗くと、ベッドが六つ並んでおり、その左側に窓が見えた。

――ここは病院の地下のはずなのに。

しかし彼は、その窓を見ているうちに、ここなら入ってもいいと思った。

全員が部屋に入ると、幽霊と名乗った男性が、笑顔のままドアを閉めるように指示した。

皆が入るのを確認して、最後に竹巣君が入り口のドアを閉めた。

部屋に入ると落ち着きを取り戻したのか、ミカの状態も平静に戻っていた。

幽霊と名乗る二人は、少し煤けているような印象がある以外、生きている人間と殆ど変わらなかった。入院中でパジャマ姿。終始、満面の笑顔だった。

——話が通じるというだけで、幽霊の怖さは和らぐのか。

竹巣君は、幽霊の二人と会話を交わす仲間達の姿を見て、何とも奇妙な気持ちになった。むしろ全員が何か心のどこかのタガが外れていたのかもしれない。

ただ、二人のことを普通の人間と違うと感じたのは、会話が止まると、巻き戻したように、先刻話した話題に戻ったりする点だった。痴呆の症状かとも思ったが、一言一句、話すタイミングも全く同じなので、これは人間技とは思えなかった。

二人とも自分の名前が分からない様子で、生前何の病気で入院していたかも忘れているようだった。


「もうずっと昔のことだから忘れちゃったけどね、自分が幽霊だって気づいたのよ。皆、成仏していったけれど、自分達はできないの」

ヨリコが二人に、どういう経緯で幽霊をやっているのかと質問をすると、女性の幽霊はそう答えた。彼らの記憶では、病院には、もう一人幽霊がいた時期があるらしい。

二人はその幽霊が成仏するのを見たのだと説明した。ある日、強い光がその幽霊を頭上から照らし、幽霊の存在が次第に薄くなっていって、とうとう消えてしまった。

話を統合すると、どうやらそのような内容だった。

二人は、それが成仏だと思っているらしい。

幽霊との話は多岐に亘ったが、多くはとりとめのないものだった。ただ、先ほど隣の部屋にいた人影の正体を教えてくれた。

幽霊二人の話によると、それはおじいさんの入院患者の幽霊だという。

「物音がしているだろう」

男性の幽霊が手を耳に当てた。確かに何か暴れているような音が聞こえた。

偏屈で、ガリガリで、怖い顔をしているよ。

あれでは人に好かれるはずがない。

変わらず満面の笑顔でそう続ける二人の幽霊を見て、竹巣君は目眩《めまい》のような足元の覚束《おぼつか》なさを感じた。

尋常ではないが和やかな会話が打ち切られたのは、突然、幽霊達がソワソワしだしたからだった。今までの満面の笑顔が急に恐怖を湛《たた》えた表情に変わった。

「婦長が来る」

「怖い」

「検診だ」

「隠れよう、皆で隠れよう！」

幽霊の態度がただごとではなかったこともあり、皆でベッドの陰に隠れることにした。

「ねぇ、聞こえる？」

ヨリコが竹巣君の袖を引っ張った。

キーキーという油の切れた自転車のブレーキのような音が聞こえた。

竹巣君が頷くと、ミカがまた、霧が！　と大きな声を出した。幽霊が口に人差し指を当てて、しぃーとやるので、皆で音を立てないようにして身を潜めた。ミカもそれ以上は声を出さなかった。パニックを起こした訳ではないようだ。

金属音は次第に近づいてくる。その音の中に、リノリウムの床を靴の踵《かかと》が叩く音と、何かを引き摺る音が混じった。

コッ、ズズ。

コッ、ズズ。

歩き方に特徴があるのか、片足を引き摺っているような音。

「――今、隣のドアが開いた」

ヨリコの声の後に、今度は金属のドアを閉じるガチャンという音が続いた。

「おい、あいつら何やってんだ」

タケシが幽霊のほうを指差した。

幽霊はベッドに入り、布団に足を入れて上半身を起こした姿勢を取った。

五人がその様子を見ていると、二人はそのままお辞儀を始めた。ロボットのようにひょこりひょこりと頭を下げてはまた上げる。

何も言わないまま、それを繰り返す。

「これ、婦長が検診に来るからかな」

「いや、分かんねぇよ。怖《こえ》えよ」

「今逃げても、婦長とやらが廊下にいるよな。ちょっとタイミング悪いよ。今逃げるのは無理だよ――」

隣の部屋のドアが閉じる音が廊下に響いた。

次はこの部屋だ。

ガチャリとノブが音を立ててドアが開いた。廊下の光が差し込んでくる。竹巣君は電気が生きているのかと思ったが、そんなはずはない。

ベッドの下からドアの外を窺《うかが》うことができた。

車椅子が見えた。誰かが乗っているが、どんな人物かまでは分からない。

その婦長の足元が見えた。看護師さんの履く白いサンダル。

――入ってくるな！

竹巣君は念じた。顎から流れた汗が、ぽたぽたと床を濡らした。

祈りが通じたのか、婦長は何も言わずに、ドアのところに立ち続けた。

暫くしてドアが閉じられた。

真っ先にホッとしたのは幽霊だったのか、男性はベッドを下りて踊り始めた。

女性は足をベッドから下ろして腰掛け、足をぶらぶらさせている。

「もう大丈夫よ」

女性はそう言ったが、まだ金属の擦れる音が廊下から聞こえてくる。

「――この部屋、突き当たりだったよな」

ヒロキが指摘した。言われてみれば音の方向がおかしい。音は廊下の更に奥から響いてくる。

暫くすると、突然ドアが開き、眩しい光が部屋を照らした。

竹巣君は、慌ててしゃがみ込んだ。

嬉しそうに踊っていた男性は、慌てた様子でベッドに入った。女性幽霊はベッドに座って足をぶらぶらさせたままだ。

男性の幽霊の様子に注目していたことが幸いして、他の仲間は誰一人として声も音も立てず、無事隠れることができたようだった。

ヨリコは大丈夫だろうか。

竹巣君の位置からは、婦長の足元しか見えない。

入ってくるなと祈ることしかできないのがもどかしかった。

そのとき、婦長の背後の車椅子から、膝掛けが落ちた。暗い赤色をした膝掛けだった。

――車椅子に乗っているのは誰なんだろう。

竹巣君には、車椅子の人物は若い女性に思えた。

婦長が膝掛けを拾う。その手は青白く、真っ青な血管が木の根のように何本も浮いている。彼女は白衣を身に着けていたが、それでも酷く痩せているのが分かった。

膝掛けを拾った婦長は車椅子の横にしゃがんで、それを掛け直した。

婦長がドアを閉めた。廊下を再び車椅子の音が遠ざかっていく。

今度は音が聞こえ始めた方向へと帰っていく。

この段階では、誰もパニックにはなっていないようだった。竹巣君はホッとした。

部屋のあちこちから、殺していた息を吐く音が聞こえた。

最初に声を上げたのは、タケシだった。

「逃げよう」

竹巣君も頷いた。すると、ミカの声が聞こえた。

「私、目が合った」

語尾が震えていた。

五人は立ち上がり、部屋の中央に集まった。

改めてミカが声を上げる。

「私、婦長と目が合っちゃった！」

声が強ばっている。

「実は――俺も。俺も目が合ったんだ」

タケシもそう言って、ミカの手を取った。

「大丈夫だよ！　逃げよう」

もう車椅子の音は殆ど聞こえない。

タケシがドアの横に立った。

「俺が一番にこの部屋を出て階段に向かう。ミカ、俺に続け」

振り返ると、いつの間にか起き上がっていた男性の幽霊は、女性の幽霊の横に立って、

「バイバイ」と言った。

一度だけではない。その言葉を壊れたレコードのように繰り返し始めた。

肘を曲げ、小さく手も振っている。

バイバイ、バイバイ、バイバイ――。

二人の幽霊は、ずっと手を振り続けた。目の焦点は、どこにも合っていなかった。


もうこの場所に用はない。

部屋を出る順番は、タケシが先頭。続いてミカ、ヒロキ、ヨリコ。そして竹巣君が最後尾である。

タケシは、ドアを薄く開けて隙間から廊下を覗くと軽く頷き、こちらに来いというジェスチャーをした。

皆、タケシの後ろに並んだ。

彼は、走る！　と、小さく声を上げてドアを出た。

廊下を駆けていく音が響く。

二番手のミカがもじもじしているので、早くタケシのとこに行け！　行け！　と、後続の皆で囁いた。すると彼女は、俯いたまま駆け出した。続くヒロキは立ち上がり、ゆっくりと部屋を出たが、何を思ったのか、うぉおおおと雄叫びを上げた。

一際大きな足音が廊下に響いた。

「あんな声を上げたら、婦長に見つかっちゃう」

ヨリコが怯えた声を上げる。

「大丈夫だから、行け」

竹巣君は、彼女の背中を擦ったり、軽く叩いてなだめた。

彼女は落ち着いたのかドアを開けて、駆けていった。

最後は竹巣君だ。ドアから顔を出して廊下の奥を見ると、車椅子を押す婦長の後ろ姿が見えた。

——ヤバい！

走るべきかどうすべきか躊躇《ちゅうちょ》したが、いつまでもここにいる訳にはいかない。

幽霊達はバイバイ、バイバイと機械仕掛けのように繰り返している。

もし足音を聞きつけた婦長が、こちらを振り返ったら——。

気づかれないように、静かに行くしかない。

彼はゆっくりと扉を開け、なるべく音を立てないように注意深く廊下を歩いた。

廊下の先に婦長の背中が見える。

婦長は車椅子を押してはいるが、進んでいないような気がする。

そのとき、車椅子に乗っている人の頭が右側にかくりと倒れた。髪が揺れるのが見える。

肩までの長さの黒髪の女の子の後ろ姿。

婦長が足を止めた。

——これはまずい！

振り返られたらどうなるか分からない。

アルミ製のドアの前で折れて、トンネル状の廊下に飛び込み、階段に向かって全力疾走した。

顔を上げると、階段の踊り場で皆が待っていてくれた。

無事に一階に着いた。慌てて金網から外に出る。

もう日はとっくに暮れて、月が高く上がっていた。竹巣君は急いで車を出し、途中途中で皆をそれぞれの家へと送っていった。

翌日ゲームセンターに顔を出した竹巣君は、興奮冷めやらぬ様子だった。

ヤバい、あれは本物の幽霊だ。俺が車出して案内するから、今度はみんなで行こうぜ。

そんな口ぶりだった。

その様子が大きく変わったのは、さらに数日経ってからだった。

数日ぶりにゲームセンターに現れた竹巣君の顔は、憔悴し切っていた。

「実は、タケシ達の葬式だったんだ」

立美さんは、タケシというのが廃病院に誘った友人だということは知っている。

詳しく話を訊くと、タケシは、廃病院から帰った次の朝に布団で絶命していたという。

家族の話によると、相当苦しかったのか、顔が見せられないほどに歪んでいたとのことだった。

「あのさ。さっき、タケシ達って――」

「うん。タケシの彼女も死んじまって、二人の合同葬になったんだ」

次の日に、ミカも亡くなったが、こちらも顔が見せられない状態だったという。

二人は付き合っていたし、幼馴染みだったこともあり、合同で葬儀をすることになったのだと竹巣君は言った。


立美さんは、黙ってその話を聞いていた。

すると、竹巣君が突然立美さんのほうに身体を向けた。